KB210988

예수님의 폭소

예수님은
언제 웃으셨을까

예수님의
폭소

원영 지음

좋은땅

서문

예수님은 성경에서 한 번도 웃지 않으셨습니다.

그러나 그러셨을 리 없습니다.

힘든 사람, 아픈 사람, 소외된 사람의 친구 예수님은 자주 웃으셨겠지요.

이 소설에 나오는 것처럼 폭소도 터뜨리셨겠지요.

예수님은 성경에서 세 번 우셨습니다.

그러나 더 많이 우셨겠지요.

타인의 얼굴에서 사람의 아들인 자신의 얼굴을 보셨기 때문이 아닐까요.

이 소설은 졸저《예수의 할아버지》처럼 신학자들의 생각을 소설이라는 틀에 넣어서 만든 이야기일 뿐입니다.

예수님의 폭소

필자로 인해 45년, 웃기도 하고 울기도 한 아내에게
이 책을 드립니다.

2022년 늦가을, 최원영

목차

서문 ⋯▶ 4

예수님의 폭소 ⋯▶ 7

강남 소생 보존원 허 원장 ⋯▶ 59

골리앗은 누가 죽였나? ⋯▶ 105

심판대에 선 신 장로 ⋯▶ 147

끝장 토론: 하나님은 있는가? ⋯▶ 187

참고 문헌 ⋯▶ 250

미주 ⋯▶ 254

예
수
님
의 폭
소

예수님의 폭소

신방주 장로는 냉동인간이 되기로 결심했다.

만 95세가 되는 2030년 3월, 뇌종양으로 위독해지자 자기의 몸을 '강남 소생 보존원'에 맡긴 것이다.

강남 소생 보존원은 계약한 환자가 사망하면 그 시신을 영하 196℃의 액체 질소 탱크에 넣어 보관했다가, 훗날 의학이 발달했을 때 이를 꺼내어 다시 살려 내는 일을 전문으로 하는 병원이다.

일종의 사망 후 소생 보험에 든 셈이다.

미래에 깨어난다는 보장은 없지만, 보험의 속성이 그런 것이니 어쩔 수 없다.

신 장로는 이 밖에 또 다른 보험에도 가입해 있었다. 강남에서 제일 큰 순천당 교회에 다니며, 십일조를 꼬박꼬박 함으로써 천당에 가는 보험이었다.

소망대로 그의 영혼은 천당에 가게 되었다.

거기서 아브라함, 삼손, 세종대왕, 모차르트, 슈바이처, 칼 바르트, 천상병 등과 함께 안락한 생활을 하고 있었는데, 어느 날 오후 베드로가 급히 불렀다(이들 중 슈바이처와 칼 바르트는 이단이라 천당에 못 갔다고 주장하는 분들이 있었으나 아니었고, 세종대왕도 예수를 몰라서 천당에 못 갔다는 분들이 있었으나 이 또한 아니었다).

우람한 체구에 허연 구레나룻이 돋보이며 목소리가 걸걸한 베드로는, 천당에서도 자신은 반석과 같은 존재라며 예수님의 수제자임을 자임했다.

"당신이 강남 순천당 교회 신방주 장로입니까? 특기사항으로는 교회 갈렙부에서 진행한 성경 구절 외우기 대회에서 10년간 일등을 한 기록이 있군요."

베드로가 근엄한 표정으로 질문했다.

"네, 그렇습니다. 베드로 님."

천당에서는 모두 미소를 띠면서 살고 있는데 베드로의 안색이 굳어 있는 것이 심상치 않았다.

최신형 노트북 컴퓨터 화면을 들여다보던 베드로가

말했다.

"신방주의 '신' 자는 하나님을 뜻하는 글자인가요?"

베드로가 얼마 전부터 한문 공부를 시작했다는 소문
이 사실이었다.

"아닙니다. 잔나비 '신' 자입니다."

신 장로는 베드로가 잘 모르는 듯해서 잔나비는 원숭
이를 이르는 말이라고 설명해 주었다.

베드로가 목소리를 낮추어 물었다.

"신 장로께서는 2030년 3월 당신의 몸을 강남 소생 보
존원에 냉동으로 보관시킨 적이 있소이까?"

"네, 그렇습니다만….."

베드로가 '쩝' 하고 입맛을 한 번 다신 후 설명을 시작
했다.

오늘 아침 강남 소생 보존원에서 신 장로의 냉동된 몸
을 녹인 후 뇌수술을 성공적으로 마쳤는데, 그의 영혼이
아직 돌아오지 않아 무척 곤혹스러운 상태라는 것이다.

베드로가 자신의 노트북 화면을 신 장로가 볼 수 있게
돌려서, J일보 1면에 크게 난 기사를 보여 주었다.

예수님의 폭소

〈한국의 의료 기술, 세계 최초로 냉동 인체 해동에 성공〉

2030년 3월에 뇌종양으로 사망해 냉동으로 보관 중인 신 모 씨를 성공적으로 살려낸 강남 냉동 보존원 허일만 원장과의 인터뷰 내용입니다.

기자: 축하합니다. 세계 최초로 냉동인간을 소생시키는 엄청난 업적을 이루셨습니다. 노벨 의학상은 문제없겠습니다.

원장: 네, 스웨덴 노벨상 담당관이 곧 저에게 연락을 할 겁니다.

우리 강남 소생 보존원에서는 생명 테크 혁명에 힘입어, 세계 최초로 한국의 신모 할아버지의 심장박동을 다시 뛰게 했습니다.

그야말로 생명 소생을 이룩한 쾌거입니다.

이를 계기로 현재 30대 젊은이들은 앞으로 70년 정도를 더 살다가 죽을 것이냐, 아니면 미리미리 우리 병원의 '소생 보존 보험'을 들어 죽어도 다시 살아날 희망으로 살 것이냐를 두고 고민해야 합니다.

앞으로 냉동 비용을 1억 원 이하로 크게 낮추고, 관리비도 한 달에 100만 원 정도로 내리면, 그동안 다시 살고 싶어도 돈이 없어서 망설였던 분들은 소생의 희망을 다시 품어보지 않을까 싶습니다.

기자: 신방주 할아버지를 잠깐 만날 수 있을까요?

원장: 지금 의학적으로 살아나긴 했는데 아직 눈을 뜨지는 못하고 있습니다.

환자는 심장, 폐, 신장 기능을 완전히 회복했고 뇌종양도 성공적으로 제거됐는데 아직 잠에서 깨어나지를 않네요.

뇌파도 정상적으로 작동하는데 말입니다. 아마 이분은 옛날에 잠꾸러기였던 것 같습니다.

기자: 아, 그러면 현재는 그냥 식물인간인가요?

원장: 그렇지는 않습니다. 조금 더 기다리면 눈을 뜰 겁니다. 현대 의학에서는 인간의 지각은 오로지 뇌의 작용이라고 생각하지만, 어쩌면 뇌와는 별도로 영혼이 있어서 영혼이 잠시 외출 중이면 의식이 돌아오지 않을 수 있습니다.

기자: 아, 어디로 외출 중인가요?

원장: 천당이나 지옥 혹은 연옥일 수 있겠지요.

기자: 원장님은 가톨릭 신자이신가요? 연옥도 언급하시네요.

원장: 처음에는 교회만 다녔는데 혹시 가톨릭의 신이 진짜면 어떡하나 하는 걱정에, 한 달에 한 번씩 성당에도 다니고 있습니다.

기자: 네, 빈틈없으십니다. 신 모 할아버지의 의식이

언제 돌아올 것으로 예상하십니까?

원장: 사실은 제가 금식기도를 좀 했습니다. 저는 주
　　　로 베드로에게 기도하는데, 기도 끝에 닭 우는
　　　소리를 냈기 때문에 곧 효과가 있을 겁니다.

기자: 그렇군요. 그분이 닭 우는 소리에 경기를 낼 수
　　　도 있겠네요.

　신 장로가 기사를 계속 읽으려 하자 베드로가 자기 앞
으로 노트북을 돌렸다. 두 사람의 눈동자가 마주쳤다.

　"신 장로님, 이제 우리는 장로님을 지상으로 돌려보낼
수밖에 없습니다. 허 원장이 나에게 계속 기도를 하면서
내는 닭 우는 소리에 견딜 수가 없어요. 여기서 인사할
사람들에게 대충 인사하고, 오늘 저녁 강남 소생 보존원
으로 갈 준비를 하세요."

　황당한 일이었지만, 천당과 속세에 다 소생 보험을 들
었기 때문에 일어난 일이었다.

　신 장로는 당황하지 않고 베드로에게 물었다.

　"지금이 지구에서는 몇 년도입니까?"

　"AD 25년이오."

　"그게 무슨 소리인가요?"

AD 25년이라면 아직 예수님이 십자가에 달리기도 전이다.

"Anno Domini(주 후)로 환산하면 2045년이오."

"그런데 AD 25년이라니요?"

신 장로의 목소리가 커졌고 베드로가 그것도 모르냐는 듯이 눈썹을 찌푸렸다.

"서기 2020년 기준으로 BC와 AD가 바뀌었소. 2019년 겨울, 중국 우한에서 퍼지기 시작한 코로나19로 인류가 바이러스와의 전쟁을 시작한 것은 기억하지요? 이후 코로나와 거리 두기를 기념하여 'Before Corona'와 'After Distance'를 인용한 새로운 BC와 AD를 쓰고 있지요. 내가 그동안 한문뿐 아니라 영어 공부도 좀 했다오."

지구 시간으로 지금이 2045년이라는 말에 신 장로의 머리가 좀 복잡해졌다.

그가 냉동 탱크에 들어간 것은 2030년 95살 때였는데, 그로부터 15년이 지났다면 주위의 친구들도 모두 세상을 떠났을 것이다. 95살의 육체로 돌아가서 다시 산다고 해도 몇 년이나 건강하고 즐겁게 살지 알 수 없었다. 더구나 마지막 1년은 논현동 요양 병원에서 온종일 누워

예수님의 폭소

있었고 이 때문에 생긴 욕창으로 고생한 기억이 났다.

요양 도우미 시 여사는 중국 사람이라 말도 잘 안 통했고, 식사 때면 신 장로의 입을 손으로 벌려 밥을 쑤셔 넣었다. 답답해서 침대에서 일어나려고 하면 손과 발을 침대 다리에 연결된 줄로 묶어 놓기도 했다.

신 장로가 몸을 부르르 떨면서 말했다.

"베드로 님, 제가 과거의 육신으로 돌아가면 다시 그 몸으로 요양 병원에서 살게 되나요?"

"그렇소이다. 하지만 뇌가 다시 살아났으니 건강한 심장이나 신장을 이식해서 좀 더 젊게 살 수도 있을 것이오. 어서 준비하세요."

신 장로가 일어났다가 다시 앉았다.

95세의 노인이 장기이식을 성공적으로 받을 수 있을지, 또 서울로 돌아가면 수술 비용은 있는지도 알 수 없기 때문이다.

"베드로 님, 제가 그냥 여기 계속 있으면 안 되나요?"

"그건 안 됩니다."

"하지만 지금 돌아가면 요양 병원 침대에서 움직이지도 못하고 식물인간처럼 살 텐데, 그렇게 살고 싶지는 않습니다."

"그러니까 왜 그런 액체 질소에 몸을 얼리는 보험을 들었소이까? 이 결과는 오롯이 본인의 책임일 수밖에 없소이다."

베드로의 강경한 어조에 신 장로는 닭 우는 소리를 낼까 하다가 꾹 참으며, 베드로를 만난 김에 평소에 궁금했던 것을 물었다.

"베드로 님, 갈 땐 가더라도 질문 하나 하겠습니다. 왜 기독교는 처음 바울의 주장과는 다르게 몸의 부활을 교리로 정했나요?

맨 처음 부활을 언급한 성경 말씀은 고린도전서 15장인데, 여기서 바울은 '살과 피를 지닌 육체로는 하나님의 왕국을 물려받지 못하며'라는 말로 영적인 부활을 말씀했습니다. 그러나 점차로 몸 부활을 강조하기 시작하여 사도신경에는 '몸이 다시 사는 것과⋯'라는 구절로 몸 부활을 확고한 교리로 만들었지요."

이런 질문을 신 장로가 하는 이유가 있었다. 신 장로는 천당에서 자신의 모습을 또렷이 볼 수 없었다. 성경에 나오는 바울의 기대와는 달리 천당에도 희미한 청동

예수님의 폭소

거울밖에 없었다.[1] 몸 부활인지, 영혼 부활인지 거울을 보고 알기가 어려웠고, 몸 부활이라면 자신의 몸을 보고 싶었다.

이제 곧 강남 소생 보존원으로 내려가야 한다는 생각에 신 장로가 더욱 용기를 냈다.

"바울 선생은 도대체 어디에 계신가요? 그를 만나서 고린도전서에 쓴 글이 영혼 부활인지 몸 부활인지 좀 여쭤봐야겠습니다."

베드로의 입꼬리가 묘하게 실룩였다.

"그 사람 대신 내가 예루살렘에서 보스로 모시던 사람을 소개해 줄 테니 궁금한 점을 물어보시오."

"아, 예수님께 직접요?"

"아니, 내가 모시던 분은 낙타 무릎이라는 별명으로 유명한 야고보 님이시오. 예수님의 친동생이시고 의로운 분이시지."

잠시 후 베드로를 따라 골방에 들어간 신 장로는 그곳에서 엎드려 기도하는 야고보를 보고는 그가 예수님의 동생이라는 사실에 옷깃을 여미고, 그의 등 뒤에서 깊숙이 고개를 숙였다.

인기척을 느낀 야고보가 일어나 돌아섰다. 그는 큰 키에 눈언저리가 깊숙했고 귀밑에서 턱밑까지 허연 수염이 무성했다.

'예수님보다 두 배 정도 더 오래 산 그는 형의 추억을 어떻게 간직하고 있을까.'

이런 생각을 하는 중 베드로의 설명을 들은 야고보의 목소리가 들렸다.

"바울은 뭐 하러 만나려는 거요?"

메마른 목소리였다.

"바울 선생님이 고린도전서 15장, 이른바 부활장에서 하신 말씀이 영의 부활인지 육의 부활인지를 여쭈어보고 싶습니다."

신 장로가 조심스레 말했으나 야고보는 눈을 지그시 감고 대꾸하지 않았다.

분위기가 어색해지자 베드로가 눈짓으로 이제 그만 나가자는 신호를 보냈다. 신 장로는 야고보에게 머리를 숙이고 일어났다.

베드로의 방으로 돌아온 신 장로가 물었다.

"야고보 님도 바울 선생의 거처를 모르나요?"

예수님의 폭소

"그분은 아직도 바울에 대한 감정이 남아 있나 보오. 애꿎은 두꺼비 돌 맞는다고, 사실 나도 바울에게 여러 번 면박을 당했지."

양미간에 주름이 깊어지며 베드로가 눈을 꾹 감았다 떴다.

"내가 신 장로님에게 새로운 제안을 하나 하겠소."

베드로의 말은 신 장로가 지금 지구 땅으로 다시 돌아가기가 부담스러운 것 같으니, 혹시 다른 시대, 다른 사람의 몸으로 가는 건 어떻겠냐는 것이었다.

그 대상은 바로 시몬이었다.

성경에 나오는 시몬이라면 세 사람이 생각났다. 지금 마주 앉아 있는 베드로의 아람 이름이 시몬이고, 열두 제자 중에 열성당 출신의 시몬이 있고, 예수님의 십자가를 대신 져 준 구레네 사람 시몬이 있다.

그중에서 어느 시몬인지 궁금했다.

"구레네 사람 시몬이오."

베드로가 신 장로의 이런 마음을 들여다보듯 말하고는, 헛기침을 한 번 하고 말을 이었다.

"사실 우리 제자들은 바울과 철천지원수였소. 바울은

예수님을 생전에 한 번도 본 적이 없으면서, 그분과 3년 이상을 동고동락한 우리 제자들을 심히 모욕했지요.

그가 할례를 받을 필요가 없다며 소아시아에 세운 교회들에 우리는 제자들을 파견하여 이단을 믿으면 안 된다고 했으나 바울이 결국 이겼소이다. 바울이 예수님의 진짜 제자라서가 아니라, 우리의 근거지인 예루살렘이 로마군에게 점령당하고, 바울의 활동무대인 로마가 세상을 지배했기 때문이오.

지구는 벌써 21세기인 만큼 우리 주님의 말씀에 혼선이 있어서는 안 되니, 신 장로께서 옛날로 돌아가 예수님의 말씀을 바로 전해 듣고 바로 전달해 주면 좋겠소이다. 예수님을 한 번도 본 적 없는 바울에게 숱하게 당한 생각을 하면 지금도 낙타에게 천막 뺏긴 기분이 든다오."

베드로의 부탁은 복음서와 바울서신이 서로 달라서 사람들이 혼동을 하니, 당시로 돌아가 상황을 다시 살펴보라는 부탁이었다.

"왜 하필이면 구레네 시몬인가요?"

신 장로가 물었다.

"구레네 시몬은 제삼자의 관점에서 공평하게 사태를

예수님의 폭소

볼 수 있기 때문이오. 특히 그는 십자가를 대신 질 때까지 예수님과 일면식도 없었으니 객관적으로 모든 일을 판단할 수 있을 것이오."

"구레네 시몬은 예수님께서 십자가에서 처형되신 후 어찌 되었나요?"

"그는 예수님의 제자들과 친해져서 예루살렘에서 살다가 로마로 간 것 같소. 시몬의 아들 알렉산더와 루포는 바울이 쓴 글에도 나오고,[2] 시몬의 아내를 바울이 자기 어머니라고 할 정도로 바울과 친분이 있었던 것 같은데 그 후의 일은 잘 모르오."

신 장로는 덜컥 겁이 났다. 만약 구레네 시몬이 예수를 믿지 않았으면 다시 천당에 올 수 없을 터이고, 2천 년 전에는 인체 냉동술도 없었으니 미래가 보장되지 않는 것이다.

"과거로 돌아가 구레네 시몬으로 살다가, 천당에 다시 올 수 없으면 어쩌나 걱정하고 있지요?"

신방주의 마음을 들여다보듯 베드로가 말했다. 그러고는 눈만 깜박이는 신 장로에게 말을 계속 이어 갔다.

"그 점은 염려 놓으시오. 장로님은 이미 천당에 한 번

왔기 때문에 내가 가르쳐 주는 기도만 하면 다시 올 수 있소이다."

"아, 그렇군요. 제가 내려가서 구레네 시몬으로 살 때, 저의 과거 즉 제가 천당에서 왔다는 것을 인식하게 되나요?"

"물론이오."

"그럼 제가 구레네 시몬 안에 들어가 살면, 구레네 시몬의 정신은 어떻게 되나요?"

"허허, 신 장로님은 서울에서 컴퓨터를 별로 안 했구려. 구레네 시몬의 두뇌를 USB로 연결하면 되지 않소이까? 내가 지금 시몬의 USB를 신 장로님의 측두엽에 넣어 주겠소."

베드로가 신 장로의 옆머리를 슬쩍 쓰다듬은 후 자리에서 일어났다.

"잠깐만요. 제가 다시 천당에 오고 싶을 때 해야 할 기도를 가르쳐 주셔야지요."

"아, 이렇게 기도하시오. '천당에서 베드로를 만나게 해 주세요, 예수님. 하나님의 이름으로 기도하옵나이다.'"

"그건 제가 배운 기도와 반대네요. 하나님께 모든 사정을 말씀드리고 마지막에 예수님 이름으로 기도하는

예수님의 폭소

게 아닌가요? 거꾸로 하다가 혹시 지옥으로….."

"음, 세게 덴 놈은 생선회도 불어서 먹는다더니…. 하나님과 예수님은 본질적으로 같소. 틀리오?"

베드로가 신학적 질문을 했다.

"325년에 니케아 회의에서는 같다고 결론이 났지요. 당시 콘스탄티누스 황제의 뜻대로 된 거 아닌가요?"

"그걸 아는 사람이 왜 그런 질문을 하시오. 하나님이 예수님이고 예수님이 하나님, 즉 동일 본질이니 누구 이름이 먼저 나오든 같은 거지요."

어리벙벙한 신 장로에게 베드로가 어서 주문을 외우라고 했다.

신 장로의 입술이 움직이기 시작했다.

"구레네 시몬이 되게 해 주세요. 예수님, 하나님 이름으로~~"

예수님의 동생 야고보가 AD 62년 세상을 떠났다. 신 장로가 과거의 구레네 시몬으로 돌아온 때는 야고보가 순교한 직후였다.

베드로가 알려 준 기도문을 외우고 깨어나 보니 예루

살렘의 어느 작은 방이었다.

신 장로는 방에 있는 청동거울을 들여다보았다. 헉, 하는 비명이 신 장로의 입에서 나왔다. 얼굴은 검어 흑인에 가깝고 곱슬머리와 수염이 허연 노인의 모습을 본 것이다. 70살은 넘어 보였다.

얼른 베드로가 가르쳐 준 기도문을 다시 외워서 천당으로 돌아가고 싶었다. 구레네 시몬의 몇 살 때로 돌아가는지를 묻지 못했다.

막 '베드로 님…'이라는 기도문을 시작했는데 방문이 열리면서 콧수염이 무성한 건장한 사내가 들어왔다.

"안녕히 주무셨어요?"

"네, 안녕하세요?"

들어온 사람의 입이 벌어졌다. 신 장로는 얼른 오른쪽 뇌에 있는 구레네 시몬 USB를 이용해 그가 누군지 찾아보았다. 그는 바로 자신의 아들인 루포였다.

"응 그래, 잘 잤니?"

"오늘은 좀 늦게 일어나셨네요. 도마 님이 오셔서 기다리고 계세요."

"아, 열두 제자 중 의심 많은 도마가 왔구나! 왜 왔지?"

루포가 아버지를 잠시 멍하니 바라본 후 말했다.

"오늘 감람산에 올라가서 올리브를 따 오기로 하셨다면서요?"

"아, 겟세마네 동산에서 기름도 짜기로 했었다."

신 장로가 순발력을 발휘했다.

하품하면서 거실로 나오니 머리는 벗어지고 이마에 주름이 가득한 노인이 일어나면서 인사했다.

"시몬 형님, 오늘은 늦잠을 주무셨소이다. 허허."

"아, 그러게 말일세. 하하. 미안하지만, 오늘은 내가 좀 피곤한데 감람산은 다음에 가면 어떨까?"

"그럽시다. 올리브 열매는 내일도 열릴 테니까. 겟세마네 동산에 산책이나 하러 가도 되고요."

"겟세마네 동산이라면 예수님이 붙잡히시기 전에 피땀을 흘리며 기도하신 곳인데…. 골고다 언덕으로 가시다 쓰러지는 예수님의 십자가를 내 어깨로 져드린 것이 벌써 30년 전의 일이네그려."

"맞아요. 그 후 형님의 아들 루포와 알렉산더가 로마에 가서 바울을 따라다니며 전도를 많이 했지요."

"바울은 지금 어디 계신가?"

바울이란 이름이 나와서 신 장로가 물었다.

"아직도 로마에 있는데 황제의 박해가 심해서 꼭꼭 숨어 있어요. 베드로 형님도 거기 계신가 본데 두 분이 만나지는 않는 거 같아요. 원래 사이가 안 좋았지요."

"지금 로마 황제는 누구지?"

신 장로가 궁금한 질문을 했다.

"네로 황제요. 벌써 황제가 된 지 10년이 다 돼 가는데 아직도 모르셨어요?"

루포가 얼른 대답했다.

"예수님의 동생 야고보 님은 지금 어디 계신가?"

도마와 루포가 서로를 바라보았다. 신 장로가 귀찮았지만, 다시 시몬 두뇌 USB를 이용해 보았다. 예수님의 동생 야고보는 며칠 전 석형을 당해 순교했다.

예루살렘에서 예수님을 메시아로 받아들이는 유대인들이 점점 늘어나자 이에 위기를 느낀 대제사장 안나스와 바리새인, 서기관 등이 공회를 소집하고 야고보를 소환하였다.

그들은 야고보를 군중 앞에 세우고, "예수는 메시아가 아니다."라고 외치라고 명령했다.

그러나 야고보는 성전의 회랑에 서서 "예수님은 하나님의 아들이며 메시아다."라고 큰 소리로 외친 것이다.

이에 화가 난 유대인들은 야고보를 땅바닥으로 끌어내려 그에게 돌을 던졌고 야고보는 이에 굴하지 않고 무릎을 꿇은 채 기도하기를 "아버지여, 저들의 죄를 용서하여주옵소서. 저들은 자기가 하는 일을 알지 못하나이다."라고 기도했다.

이렇게 돌을 맞으면서도 기도하는 야고보를 위해 어느 제사장이 용감하게 소리쳤다.

"당장 돌 던지는 것을 중단하시오. 의인 야고보 님이 당신들을 위해 기도하고 있습니다."

그때 누군가가 가축의 껍질을 두드릴 때 사용하는 곤봉으로 야고보의 머리를 내리쳐 야고보는 피를 흘리며 순교하였다.

이런 사실을 안 신 장로가 도마에게 말했다.

"참으로 가슴 아픈 일이었지. 나도 눈물이 났지만, 억지로 참았다네. 사람들이 야고보 님을 정말 존경했었지?"

"그럼요. 예수님의 동생이기도 했지만, 마음속 깊이 존경하고 따랐지요. 시몬 형님은 안디옥에 계셔서 잘 모르겠지만, 여기 공동체를 이끈 분은 베드로 형님이 아니고 야고보 님이었어요.

그분은 포도주나 발효 음료를 마시지 않았고, 생명이 있는 음식을 먹지 않았지요. 아마 나실인 서약을 하셨던 것 같아요. [3]

항상 백성들을 위해 무릎 꿇고 하나님께 기도했기 때문에 그의 무릎은 마치 낙타의 발처럼 딱딱해졌어요. 이 때문에 나중에는 의인 야고보라는 호칭이 생겼지요."

신 장로는 천당에서 베드로와 함께 만난 야고보를 떠올리며, '그래서 그때도 그렇게 기도하고 있었구나.'라고 생각했다.

또 베드로와 야고보가 바울을 몹시 싫어했는데 그 이유가 궁금했다.

"도마 님, 아니 도마 아우, 야고보 님과 바울이 별로 사이가 안 좋았었나?"

"그분들은 처음부터 그랬지요. 바울이 회심하고 나서 3년 후 예루살렘에 와서 2주간 야고보 님과 베드로 형님을 만났는데, 기록에는 만났다는 말만 있을 뿐 무슨 토의를 했으며, 그 결과가 어떻다는 내용은 일절 나오지 않았어요."

"음, 그렇지. 나라끼리의 외교적 만남에서도 그럴듯한 합의문이 발표되는데 아무 발표가 없었던 건 대판 싸웠다고밖에 볼 수 없지."

"맞아요. 바울 님이 쓴 기록 중에 은근히 예수님의 원제자들을 무시하는 느낌이 드는 글이 많아요. 심지어 갈라디아서에는 자신이 전하는 복음은 예수님의 원제자들에게 전해 받거나 배운 것이 아니라 예수님께 직접 받은 계시라고 하면서, 하나님 앞에서 거짓이 아니라고 맹세한다는 선언까지 했지요.[4]

그런데 고린도 전서에서는 전혀 다른 말을 했어요.[5] 즉, 자신이 전하는 말은 예수의 원제자들이 먼저 받은 것이라는 거지요."

"음, 둘 중 하나는 거짓말이거나 그의 말을 듣고 필사한 사람이 잘못 쓴 거라고 볼 수 있군. 갈라디아서와 고린도 전서는 어느 것이 먼저 쓰였는가?"

"갈라디아서가 먼저입니다. 갈라디아교회는 바울의 1차 전도 여행 때 개척한 교회이고, 고린도교회는 2차 전도 여행 때 개척한 교회이지요. 다만 갈라디아서를 쓸 때는 그 지방 사람들이 바울에 대한 불신이 너무 커서, 자신이 하는 말이 예수께 직접 들은 말이라고 권위를 내세운 것 같고, 고린도 전서를 쓸 때는 뭔가 원제자들을 끌어들여야 할 필요성이 있었던 것 같아요."

"바울이 어떻게 생겼었지?"

시몬의 질문이 또 이상했지만, 오늘 이상한 게 벌써 한두 번이 아니었다.

"바울은 작은 키에 머리가 크고, 이마가 나이보다 많이 벗어졌고 다리가 좀 휘었지요. 코가 크고 눈썹은 아주 촘촘했는데, 카리스마가 있으면서도 친절한 성품이었지요."

"흠, 이제 나도 기억이 나는군. 근데 한 가지 궁금한 게 있네. 바울은 우리가 나중에 몸으로 부활한다고 하지 않은 것 같은데 예수 선생은 몸으로 부활한다고 하셨던가?"

신 장로는 베드로와의 약속대로 부활이 어떤 부활인지를 빨리 알고 천당으로 돌아가고 싶었다.

도마의 얼굴이 굳어지면서 잠시 침묵이 흘렀다.

대답 대신 그가 질문을 했다.

"사람들이 저를 의심 많은 도마라고 하는 이유를 아시

예수님의 폭소

지요?"

"그럼, 예수님이 부활하신 후 처음 벽을 통과하여 제자들에게 오셨을 때는 자네가 그 자리에 없었고, 여드레 후에 두 번째 오셨을 때 상처 자국에 손을 넣고서야 믿은 도마 아닌가."

"네. 솔직히 지금도 잘 모르겠어요."

그의 이어지는 말이 놀라웠다.

"예수님이 창으로 찔린 옆구리 상처 자국에 손을 넣어 보라고 하셨지만, 저는 손을 넣지 않았어요.[6] 사람들은 지레짐작으로 제가 손을 넣어 본 것으로 알지요."

"어, 나도 그리 알고 있었는데. 아니란 말인가?"

"손을 넣어 보라고는 하셨는데 너무 긴장해서 움직일 수가 없었어요. 또 그 상처에 손을 넣으면 예수님이 아프실 테니, 넣으라고 한다고 넣을 수도 없잖아요."

"음. 그렇게 창으로 찔린 상처까지 보았는데 몸의 부활에 대해 뭐를 또 잘 모르겠다는 말인가?"

도마가 가볍게 한숨을 내쉬고 말했다.

"벌써 30년이 지났으니 그때 내 눈으로 본 것도 아물아물하고, 혹시 내가 환상을 봤나 하는 생각도 들어요.

예수님이 몸으로 부활하셨는데 어떻게 몸이 벽을 통과했는지도 이상하지요. 어쩌면 영으로 오신 거 같기도 하고요."

도마가 눈을 몇 번 껌벅이며 계속 말했다.

"사실 보고 믿는 거, 손가락 넣어 보고 믿는 거, 그게 무슨 믿음이냐고요? 그런 건 몇 년만 지나면 또 흔들려요. 내가 깨달은 부활의 진리가 내 마음 안에 있으면 그까짓 거 안 봐도 돼요."

그러고 보니 예수님 말고도 죽었다가 살아난 사람이 많았다.

사르밧 과부 아들은 엘리야가 살리고, 수넴 여인의 아들은 엘리사가 살리고, 야이로의 딸, 나인 성의 청년, 나사로는 예수님이 살리고, 여 제자 다비다는 베드로가 살렸다.[7]

여하튼 천당에서 베드로가 신 장로에게 알아보라는 숙제, 즉 부활이 몸 부활이냐 영적 부활이냐를 알기는 그리 간단치 않아 보였다.

아무래도 여기 좀 더 머물러야 한다는 생각에 신 장로의 입에서 한숨이 새어 나왔다.

그의 마음을 들여다보기라도 하듯이 도마는 말을 계속 이어 갔다.

"그러니까 바울이 말한 영적 부활은 틀렸고, 예수님의 부활은 몸의 부활이었다고 말하기도 어려워요. 사람들이 부활하신 예수님을 처음 보았을 때 아무도 알아보지 못했으니까요. 혹시 몸 부활이 아니고 바울의 말대로 영적 부활이 아닐까요?"

신 장로는 머리를 끄덕였고 도마는 계속해서 말했다.

"막달라 마리아가 부활하신 예수님을 보고도 동산지기로 생각했었고,[8] 엠마오로 가던 두 제자가 길에서 동행하게 된 사람과 함께 이야기를 나누면서도 예수님을 알아보지 못했지요."[9]

"하지만 엠마오의 두 제자가 예루살렘에 돌아왔을 때 나타난 예수님은 사람들이 누군지 알아봤네. 다만 그들은 놀라고 무서워서 예수님을 영이라 생각했지.[10] 이에 예수님이 '내 손과 발을 보고 나인 줄 알라. 또 나를 만져 보라. 영은 살과 뼈가 없으되 너희 보는 바와 같이 나는 있느니라.' 하면서 구운 생선도 달라고 해서 한 토막을 드셨지."

신 장로가 교회에서 외운 성경을 기억하며 말했다.

"그럼 몸 부활이 맞네요. 영이 구운 생선을 먹을 순 없잖아요. 그런데 형님이 그런 걸 어떻게 다 아세요?"

도마의 눈썹이 바짝 올라갔다.

신 장로는 '응. 그건 내가 미래에서 왔거든. 동방의 등불 코리아라는 나라에서.'라는 말 대신 "허허. 잠시라도 예수님의 십자가를 대신 져 준 사람이 그 정도는 알아야지."라고 대답했다.

도마가 고개를 한 번 갸웃하더니 목소리를 조금 낮추었다.

"그런데 시몬 형님, 예수님이 가르쳐 주신 주기도문 있잖아요?"

"응, 그거 나도 어려서부터 외었지. 그게 왜?"

"제가 불경죄에 걸릴지 모르지만, 주기도문은 사실 우리 유대교의 전통적 기도문을 수정해 편집한 거예요. 예수님의 독창적인 작품이라고 하기는 어렵지요."

신 장로는 마태복음과 누가복음에 나오는 주기도문이 조금 다르다는 것을 알고 있었다.

마태의 주기도문 마지막에 나오는 문장 '대개 나라와

권세와 영광이 아버지께 영원히 있사옵나이다.'는 원래 기도문 후 송영이었는데, AD 5세기경 필사본에 처음으로 주기도문 마지막에 나타난다.

여기서 '대개'는 개신교의 오역으로 '일반적으로'라는 뜻이 아니고 그리스어 '왜냐하면'을 잘못 번역한 것인데 한문 성경을 한글로 번역하면서 생긴 오류이다. 또한 주기도문은 곧 임할 천국을 위한 유대인을 위한 기도라는 의미에서 침례교 등에서는 외우지 않고 있다.

도마가 다시 말했다.

"혹시 '탈무드 임마누엘' 기도문을 들어 보셨나요?"

"아니, 어떤 건데?"

"어렸을 때 힐렐 선생님 학교에서 외운 건데요. 잘 기억은 못 하지만, 한번 들어 보세요."

〈나의 영혼이여, 그대는 전능합니다.
그대의 이름이 거룩하게 되기를 빕니다.
내 안에서 그대의 왕국을 스스로 구현하도록 하소서.
그대의 능력이 내 안과 땅 위에서, 그리고 하늘들 안에서 펼쳐지도록 하소서.
오늘 하루분의 양식을 주셔서 나로 하여금 내 잘못을

인식하고 진리를 깨닫게 하소서.

그리고 유혹과 혼란으로 이끌지 마시고 나를 잘못으
로부터 구원하소서.

이는 내 안의 왕국과 능력과 지식이 영원히 당신의 것
이기 때문입니다.〉

도마가 외운 탈무드 임마누엘은 주기도문과 흡사했다.

"음, 사실 예수님도 어려서는 회당에서 공부하셨고,
당연히 영향을 받으셨겠지."

"그래도 메시아가 가르쳐 준 기도니까 그렇게 생각하
는 사람은 없어요. 시몬 형님은 갑자기 어디 먼 미래에
서 온 사람 같아요."

"허허, 그럴 리가 있나, 그런데 주기도문 이야기는 왜
꺼낸 건가?"

신 장로가 대강 얼버무리고 다시 물었다.

"실은 주기도문에 대하여 예수님에게서 아주 중요한
말씀을 들은 게 있어요."

도마가 정색을 하고 다시 입을 열었고 두 사람의 눈동
자가 마주쳤다. 신 장로의 목울대가 꿀꺽 올라갔다 내려
왔다.

　　　　　　　　　　　예수님의 폭소

"예수님은 당신이 부활하신 후에 우리가 외워야 할 새로운 주기도문에 관해 말씀하셨지요."

"아, 뭐라고 하셨는데?"

"베다니에서 향유를 부은 마리아에게 말씀하셨으니 나중에 그녀를 찾아서 확인하라고 하셨어요."

"음, 베다니의 마리아는 지금 어디 있나?"

"아마 로마에 갔을 거예요. 루포가 로마에 오래 있었으니 혹시 알지도 몰라요."

마침 말린 대추야자를 가지고 방으로 들어오는 루포에게 신 장로가 물었다.

"너 혹시 로마에서 베다니의 마리아 만났니?"

"네, 바울 선생님과 한 번 만났었는데 그 후 알렉산드리아로 가셨어요. 지금쯤 베다니로 돌아왔을지도 몰라요."

신 장로는 새 주기도문이 도마복음처럼 이집트 어딘가에서 발굴되면 대박일 거라 생각하며 대추야자 큰 거 하나를 입안에 넣었다.

"근데 왜 그분을 찾으세요?"

"베다니의 마리아에게 예수님이 새 주기도문을 말씀하셨단다. 나는 적어도 주기도문과 산상수훈은 예수님의 진언이라고 배웠는데."

"진언이 뭐예요?"

"음, 그분의 여러 말씀이 입으로 오랫동안 전해져 문자로 남겨졌지만, 그중에는 들은 바가 서로 다른 것도 많고, 나중에 쓰인 것일수록 그분에 대한 존경심이 강한 글들이 많지. 그래서 실제로 역사적 예수님이 하신 말씀이라고 생각되는 것을 진언이라고 하지."

"글쎄요. 지금은 우리가 대개 알 수 있지만, 세월이 많이 흐른 후에는 뭐가 진언인지 알기 어려울 것 같아요."

루포가 손가락으로 귓구멍을 후비며 말했다.

신 장로는 '먼 훗날 역사적 예수를 연구하는 신학자들의 모임이 결성되었고, 거기서 나온 결론으로, 복음서에 자주 등장하는 말일수록 진언에 가깝고, 예수님에게 유리하지 않은 글일수록 진언에 가까우리라 생각했다.'는 말을 하지 않았다.

어느 종교에서든 교주를 추종하는 사람들은, 교주에 대해 진실인 것과, 자신들이 진실이라고 믿고 싶은 것을 구분하기가 쉽지 않기 때문이다.

"루포야, 너는 베다니에 가서 그녀가 집에 있는지 좀

예수님의 폭소

알아보고 와라.”

루포가 벌떡 일어나 방을 나갔다.

“시몬 형님, 예루살렘 올라가는 길에서 예수님이 나에게 하신 놀라운 말씀이 있는데 혹시 들어 보시겠소?”

도마가 입안의 대추야자를 우물우물 씹어 씨를 손에 발라낸 후 은근한 목소리로 말했다.

“아, 그런 일이 있었나? 그게 언제인가?”

도마가 대추야자를 꿀꺽 삼키고 나서 입을 열었다.

“나사로가 병든 것을 아시고도 곧바로 가지 않고 이틀을 지체하셨던 때지요. 선생께서 ‘나사로가 죽었느니라. 내가 거기 있지 아니한 것을 너희를 위하여 기뻐하노니 이는 너희로 믿게 하려 함이라. 그러나 그에게로 가자.’라고 말씀하셨어요. 다른 제자들이 모두 망설일 때 내가 ‘우리도 주와 함께 죽으러 가자.’고 했지요.”

신 장로는 그런 이야기를 성경에서 읽은 기억이 났다.

“아, 그래서 예수님이 자네를 좋아하셨구나.”

“제가 선생님을 잘 이해한다고 생각하셨나 봐요. 동시에 주위 사람들에게는 의리의 사나이가 되었지요. 하하.

사실 그전부터 저는 예수님의 말씀을 따로 적어서 정

리하고 있었어요. 족보나 기적 이야기는 다 빼고 순전히
말씀만 모았더니 200여 개 되었는데, 잘 정리해서 114개
의 어록으로 만들었지요."

"아, 대단한 일을 했구먼. 그중에는 자네에게만 하신
말씀이 많은가?"

"그럼요. 다른 제자들은 한 번도 듣지 못한 말씀이 많
아요. 그중 한 대목을 듣고서 그만 내 마음이⋯."

도마는 이렇게 말하고 나서 주름살 많은 이마를 손으
로 만지며 웃는 건지 찡그리는 건지 알 수 없는 표정을
지었다.

"왜? 마음이 어떻게 되었는데?"

도마가 대추야자를 손에 들었다가 도로 놓고는 말을
이어 나갔다.

"음, 글쎄 뭐라고 해야 할지⋯. 선생님에 대한 기대가
무너졌다고나 할까요."

"도대체 무슨 말씀인데 그러나? 어서 말해 보게."

"어느 날 선생님께서 제자들에게 '나를 다른 것에 견주
어 보시오. 그리고 내가 무엇과 같은지 말해 보시오.'라
고 하셨지요.

베드로 형님은 대답하기를 '당신은 정의로운 천사 같습니다.'라고 했고, 마태는 '당신은 현명한 철학자 같습니다.'라고 했어요.

나는 '선생님, 저는 당신이 누구인지 전혀 비교할 대상이 없습니다.'라고 했지요.

그랬더니 예수님께서 '나는 그대의 선생이 아니오. 그대는 내가 마련한 샘솟는 물에 취한 것입니다.'라고 하시더니 나를 은밀한 곳으로 데리고 가서 세 가지 말씀을 해 주셨어요.

내가 친구들이 있는 곳으로 돌아왔더니 그들이 나에게 '예수께서 너에게 무엇을 말씀하셨나?'라고 묻더군요.

'내가 예수께서 나에게 하신 말씀 중 하나만 너희에게 이야기해도, 너희는 돌을 주워 나를 쳐 죽이려고 할 것이다. 그리하면 너희 손에 있는 그 돌로부터 불길이 솟아 너희를 삼켜 버릴 것이다.'라고 했더니 그들이 더 묻지를 못했어요."

"도대체 그 세 말씀이 무언데?"

"내가 그동안 글로 남기지도 않았는데, 이제 형님에게 처음으로 말합니다. 너무 놀라지 마세요. 선생이 하신 첫 번째 말씀은 '모든 인간이 아담으로부터 원죄가 있다.'고 하는데, '사실 그대들은 본래 원죄가 없다.'라는 말씀이었어요."

신 장로가 입에서 나오는 '헉' 소리를 삼켰다.

"두 번째로는 '종말이 가까웠으니 회개하라.'고 하는데, '사실 종말이란 불타는 지옥이 아니라 그대들의 무지와 자기만족이 끝나는 날.'이라고 하셨지요.

세 번째로는 '심판의 날 영생을 줄 것이다.'라고 하였으나, '사실 그대들 스스로 내가 가꾼 샘솟는 샘물을 마시고 지금 여기서 영생을 얻어야 한다.'라고 하셨어요."

너무나 엄청난 말에 신 장로는 잠시 할 말을 잊었다. 한 마디, 한 마디가 전혀 상상할 수 없는 말이었다. 예수님이 제자들에게 '자신을 누구라고 생각하느냐.'라는 질문은 공관복음에 모두 나온다.[11]

모범 답안은 베드로가 말한다. 베드로는 마태복음에서 "주는 그리스도시오, 살아계신 하나님의 아들이십니다."라고 가장 멋지게 대답했다.

이러한 공관복음과 다르게, 도마가 전해 준 말에 의하면, 당시 베드로는 예수를 천사라고 생각했고, 마태는 철

예수님의 폭소

학자라고 했으며, 도마 자신은 선생이 누군지 형언할 수 없다고 한 것이다.

도마복음이 1945년 이집트에서 처음 발견되었을 때 사람들은 신학계에 원자폭탄이 떨어졌다고 했다.

도마복음이 현대인들에게 인기가 많은 이유가 있다. 도마복음은 니체가 100여 년 전에 '신은 죽었다.'라고 선언한 이후, 기성종교가 아닌 새로운 종교, 즉 생각하는 종교의 가능성을 힘차게 전달하고 있기 때문이다.

다시 말해, 도마복음은 무조건적인 믿음보다 깨달음을 강조하고, 기독교의 신비주의적 영성이 충만하기 때문이다. 다른 복음서에 나오는 족보도, 기적도, 예수님의 십자가 사건도 나오지 않는다.

우리는 도마복음이 전한 114개의 어록을 기초로 교리를 만들 수 없다.

도마복음의 예수는 자유롭다. 여기에 소개된 예수에 대한 안목을 얻으면 교리적 종교의 굴레에서 벗어난다. 4세기에 도마복음을 이단시한 교회의 감독들로서는 이 문서가 지닌 순진무구한 영적 깨달음이 1945년 이집트에서 부활하리라고는 상상할 수 없었을 것이다.

도마복음은 그 서문에서, '여기에 기록된 어록은 누구나 알 수 있게 드러난 것이 아니라, 숨겨진 것.'이라고 말한다.

그리고 그 숨겨진 것이 있다는 사실을 믿고 그 의미를 발견하면, 죽음을 맛보지 않을 것이라고 선언한다.

"역시 형님도 충격을 받으셨군요. 아무 말도 못 하시네."

도마복음에 대해 기억나는 부분들을 떠올리던 신 장로가 도마의 말에 고개를 들었다.

"아, 정말 대단한 말씀이네그려. 원죄가 원래 없고, 종말이 원래 없고, 영생이 원래 없는 것이라고 예수님이 자네에게 은밀히 말씀하셨다니….

예수님 당신은 천사도 아니고, 현자도 아니고, 선생도 아니라니…. 그럼 도대체 도마 자네가 마시고 취했다는 샘솟는 샘물은 무엇을 말씀하시는 건가?"

도마의 꼭 다문 입술에 고뇌의 빛이 배어 있었다. 그는 신 장로를 보지도 않고 낮은 목소리로 입을 열었다.

"예수님은 사람들에게 숭배받기를 기뻐하시는 그런 분이 아니었어요. 사람들이 자신을 랍비로 여기는 것도 사실은 부담스러워하셨어요. 그래서 자신을 '인자'라고 하셨는데 문자 그대로 '사람의 아들'이라는 의미지요.

자꾸 자신을 '하나님의 아들'이라고 하는 사람들의 찬사에, 오히려 예수님 본인은 '사람의 아들'로 인정받기를 원하셨던 거예요.

샘솟는 샘물은 바로 그런 예수님, 우리의 친구인 사람의 아들 예수를 제대로 인식할 때 그 안에 넘치는 진리에 우리가 취한다는 의미가 아니었을까요?"

도마의 설명을 들은 신 장로가 고개를 끄덕인 후 입을 열었다.

"참으로 대단한 말씀을 하셨군. 그 말씀을 듣고 예수님에 대한 자네의 생각이 바뀐 거로군."

"그래요. 그전까지는 거룩하신 메시아가 저같이 연약한 죄인과 함께 계신 것만으로도 황송했고, 저를 긍휼히 여기셔서 저를 구원해 주시기를 바랐지요. 그러면 영원히 당신을 나의 구주로 모시고 섬기며 살겠다고 다짐했어요. 이러한 태도가 겸손이요, 진리의 길이라고 믿었는데 사실은 예수님을 불편하게 해 드렸어요."

"음, 왜 그분이 자네에게만 그런 말씀을 하셨을까?"

"글쎄요. 내가 예수님을 부를   때 선생이라고 해서 책망을 듣긴 했지만, 누구와 비교할 대상이 없다고 한 말에 예수님께서는 내 마음이 비어 있다고 느끼신 것 같아요. 즉 어떤 말씀을 해도 받아들일 준비가 되어 있다고 생각하신 거지요. 베드로 형님과 마태의 마음속은 예수 선생이 '천사'와 '현자'라는 생각으로 이미 꽉 차 있었던 것이고요."

도마가 말을 마치자마자 방문이 열리며 루포가 들어왔다.

"베다니의 마리아 님은 아직 알렉산드리아에서 돌아오지 않았습니다."

루포가 이중으로 접힌 턱살에 흐르는 땀을 손등으로 훔치고는 자리에 앉았다. 그의 손에 무언가가 들려 있었다.

"이건 마리아 님이 베다니를 떠나기 전에 언니 마르다 님께 맡긴 서신이에요. 언젠가 도마 님이 자신을 찾아오면 이 서신을 주라고 했다며 저에게 주었어요."

도마가 얼른 서신을 펼쳐 읽어 나갔다.

〈도마 님, 안녕하세요.
언젠가 이 서신을 도마 님께서 보실 수 있기를 바랍니다.

예수님의 폭소

예수님께서 유월절 엿새 전에 제자분들과 함께 베다니에 오셨지요.

제가 향유 옥합을 깨뜨려 그분의 발을 씻겨 드린 날 저녁이었어요.

선생님이 저를 부르셔서 나중에 도마님을 만나거든 이 '새주기도문'을 전해 주라고 하셨어요.

도마 님께 얼마 전에 언급하셨다면서, 들을 귀가 생기면 찾으러 올 거라고 말씀하셨어요.

사실 저는 예수님을 오랫동안 사모해 왔어요.

그래서 그 비싼 옥합을 깨뜨려 발을 씻겨 드렸지요.

부엌일을 안 한다는 마르다 언니의 비난도, 향유값으로 가난한 사람들을 구제해야 한다는 유다 님의 비난도 제 귀에는 들리지 않았어요.

저는 예수님을 남편으로 생각하는 신부의 마음뿐이었어요.

그런데 예수님은, 마치 제가 미리 알고 그분의 제사를 위해 옥합을 깬 것으로 말씀하셨지요. 너무 당황스럽고, 송구했어요.

심지어 어떤 분들은 옥합을 깬 것은 제가 아니라 막달라 마리아 님으로 알고 있는데 사실이 아니지요.〉

  신 장로는 찬송가에 나오는 "값비싼 향유를 주께 드린 막달라 마리아 본받아서…."라는 가사에서 막달라 마리

아를 베다니 마리아로 바꿔야겠다고 생각했다.[12]

도마가 계속 서신을 읽어 나갔다.

〈저는 예수님이 제 마음을 아시고 저를 위로해 주시
려 따로 부르시는 줄 알았어요.
그건 아니었지만, 저에게 새 주기도문을 말씀해 주신
것은 큰 영광이었지요.
제가 당시에 기록한 새 주기도문을 알려드립니다.

[새 주기도문.
없이 계신 한님. 이름은 존재의 근원이시고 한
님의 뜻이 세상의 시작부터 지금까지 여기에 이
루어지이다.
오늘 우리가 먹을 양식을 서로 나누어 먹고 우
리가 우리에게 잘못한 사람을 용서하기 전에,
우리의 잘못을 먼저 알게 하시고
우리가 시험에 들더라도 낙심치 말고, 다만 온
전한 인간으로 나아가게 하소서.
모든 있음과 없음이 한님께 영원히 있사옵나이
다. 아멘.]

이 서신을 언제 보실지 모르지만, 도마님과 가족분 모

두 평안하시기를 빕니다.
베다니의 마리아 드림.〉

모두 아무 말이 없었다.

신 장로가 잠시 아람어로 주기도문을 외우고 측두엽 USB에 보관했다.

베드로의 부탁으로, 예수님의 부활이 영적 부활인지 육신의 부활인지를 알기 위해, 과거의 예루살렘으로 돌아온 신 장로는 큰 소득을 올리기 어려웠다.

예수님의 부활을 영적 부활에 가깝게 말한 바울을 비판하기 위한 베드로의 의도였지만, 예수님의 옆구리 상처 자국을 본 도마조차도, 너무 오래된 기억이라 희미하다고 하는 판이니 (본인은 만지지도 않았다고 하면서) 더는 누구에게 물어볼 수도 없었다.

영혼 부활에 가까운 고린도 전서가 몸 부활을 강조한 요한복음보다 약 50년 먼저 쓰인 것을 생각하면,[13] 기독교 초창기에는 영혼 부활이 주류였으나 이후 점점 몸 부활이 대세가 되어 사도신경으로 이어지지 않았나 싶었다.

아마도 사람들은 점점 예수의 부활이 몸 부활이라고

믿고 싶었을 것이다. 영혼이 아닌 육신이 되살아났다고 믿어야, 내 몸에 대한 집착을 충족시킬 수 있기 때문일 것이다.

만약 21세기 재판정에서 몸 부활의 증인을 한 사람 부른다면 도마일 테고, 영혼 부활의 증인으로는 예수님을 못 알아본 막달라 마리아를 부를 것인데, 판결은 어려울 것이다.

이렇게 뚜렷한 성과는 없고 대신 예수님이 은밀히 도마에게 말한 세 가지 어록과, 마리아에게 말씀하신 새 주기도문이 기대 이상의 수확이었다.

생각을 정리한 신 장로는 이제 베드로에게 돌아가고 싶었다.

"도마 아우, 이 새 주기도문을 받고 보니 마치 내가 먼 미래에 있는 것 같은 느낌이네. 나는 머리가 복잡해서 조금 쉴 테니 감람산 올리브는 내일 따러 가기로 하세."

"네 그럽시다. 안 그래도 오늘 형님이 좀 피곤한 듯하여 나도 이제 그만 일어나려고 했소이다. 그럼 잘 쉬시오."

"내가 나중에 오늘 아침 일을 혹시 기억 못 하더라도, 모두 꿈을 꾸었다고 생각하기 바라네."

방문을 열고 나가는 도마와 루포에게 신 장로가 말했다. 도마와 루포가 서로 바라보며 싱긋 웃었다.

문이 닫히고 신 장로가 조용히 입술을 움직이기 시작했다.

"천당에서 베드로 님을 만나게 해 주세요. 예수님. 하나님의 이름으로….”

신 장로가 옮겨간 곳은 바로 베드로와 마주 보고 앉았던 그 자리였다.

앞에 있는 베드로와 눈이 마주치자 신 장로가 입을 열었다.

"베드로 님, 다녀왔습니다. 천당에서는 다른 곳을 다녀오면 시간이 흐르지 않는군요.”

"그건 아니고 하루가 천 년 같고 천 년이 하루 같으니 여기서는 시간이 거의 안 지난 거지요.[14] 그래, 내가 궁금한 것을 좀 알아보셨소?”

베드로가 허연 구레나룻을 만지며 물었다.

"가 보니까 예수님의 부활이 육신의 부활인지 영혼의 부활인지 알기가 어렵더군요. 그리고 그게 중요한 게 아닌 것 같습니다."

신 장로의 말에 베드로가 숨을 크게 들여 마시는 것이 전해졌다.

"제가 예루살렘에서 도마를 만났습니다."

신 장로는 도마에게 들은 3가지 어록을 그대로 말하기 시작했다.

"예수께서 도마에게만 하신 첫 번째 말씀은 '모든 인간이 아담으로부터 원죄가 있다고 하는데, 사실 그대들은 본래 원죄가 없다.'는 말씀이었어요."

베드로의 입에서 신음 비슷한 소리가 나왔다.

"두 번째는 '종말이 가까웠으니 회개하라고 하는데, 사실 종말이란 불타는 지옥이 아니라 그대들의 무지와 자기만족이 끝나는 날.'이라는 말씀이었지요."

두 사람의 시선이 마주쳤고 베드로가 혀로 마른 입술을 적셨다.

"세 번째는 '심판의 날 영생을 줄 것이다.'라고 하였으나, '사실 그대들 스스로 내가 가꾼 샘솟는 샘물을 마시고 지금 여기서 영생을 얻어야 한다.'라는 말씀이었어요."

베드로가 천천히 고개를 가로저으며 오른손으로 무언

가를 찾는 듯했다. 주위에 돌멩이가 있으면 신 장로에게 던질 기세였다. 하지만 여기가 천당이라 그런지 곧 크게 호흡을 몇 번 하더니 안정을 되찾았다.

신 장로는 새 주기도문까지 알려 주면 안 될 것 같아 더는 입을 열지 않았다.

"음, 그 의심 많은 도마가 영맛살이 껴서 인도라던가, 여기저기 다닌다더니 이제 제정신이 아닌가 보오."

베드로가 역마살을 영맛살로 알고 있었으나, 신 장로는 교정해 주지 않았다.

그러고 보니 도마를 만났을 때 그가 인도에서 포교한 것이 사실이었는지 묻지 못했다.

베드로가 다시 무슨 말을 막 하려는데 방문이 열리며 40대로 보이는 얼굴이 까무잡잡한 남자가 구부정한 모습으로 들어왔다.

"누군데 내 방에⋯."

잠시 침묵이 흐른 후 남자의 입에서 나온 말이 놀라웠다.

"요한의 아들 시몬 님, 나를 사랑하십니까?"

베드로의 입에서 헉 소리가 새어 나왔다.

신 장로가 자리에서 벌떡 일어났고 베드로가 얼른 그

의 앞에 무릎 꿇고 말했다.

"그렇습니다. 주님. 제가 주님을 사랑하는 것을 주님이 아십니다."

예수님의 얼굴이 신 장로를 향했다.

"내게 질문이 있으면 하세요. 장로님도 나의 어린 양이니까요."

떨리는 마음을 진정시키고 신 장로가 입을 열었다.

"예수님께서 부활하시고 갈릴리에서 구운 생선을 드셨는데 혹시 몸 부활을 하셨나요?"

신 장로를 지긋이 바라보던 그가 갑자기 폭소를 터뜨렸다.

"하하하하! 그게 장로님과 무슨 상관입니까? 설령 2000년 전에 내 몸이 다시 살아났었다고 해도 그것은 과거의 부활이지요. 중요한 것은 과거의 나의 부활이 아니라 지금 장로님의 부활입니다. 나의 부활에 대한 맹목적인 믿음보다 그게 훨씬 더 중요하지요."

짧은 침묵이 흐른 후 이번에는 베드로가 입을 열었다.

"주님, 제가 엿줄 게 있습니다."

'여쭐 게'를 '엿줄 게'로 말하는 베드로가 불경스러웠으나 신 장로는 가만있었다.

"주여, 어찌해야 제가 하나님을 뵐 수 있습니까? 천당에서도 하나님을 아직 한 번도 뵙지 못했습니다."

베드로가 울먹이며 말했다.

예수님이 '나를 본 자는 하나님을 보았거늘 어찌하여 하나님을 보려고 하나요?'[15]라고 하실 줄 알았는데 아니었다.

예수님의 맑은 목소리가 들렸다.

"하나님을 보는 방법은 하나밖에 없습니다. 그건 '나'라고 하는 풀에 꽃을 피우는 것입니다. 나라고 하는 풀에 꽃을 피울 때만 꽃이 하늘의 태양을 보게 됩니다.

인생에서 가장 중요한 문제가 무엇입니까? 나라고 하는 풀에 꽃을 피우는 겁니다. 예수 그리스도라는 이름은 '예수'라는 풀에 '그리스도'라는 꽃이 피었다는 뜻입니다.

우리가 기독교인이 되었다고 하는 것은 결국 '나'라고 하는 풀에 '그리스도'라고 하는 꽃이 핀 것 아니겠어요?

예수 그리스도에서 베드로 그리스도로, 예수 그리스도에서 신방주 그리스도로."

말을 마치고 예수님은 도마와 제자들을 만나시던 때

처럼 벽을 통과해서 나가셨다.

멍한 채로 자기 방으로 돌아온 신 장로는 침대에 누워 예수님이 하신 말씀을 생각해 보았다.

'새 주기도문에 대해서도 여쭈어볼걸!' 하는 후회가 들었다.

아무래도 새 주기도문은 나중에 강남 소생 보존원에서 깨어나면 순천당 교회에 가서 간증을 통해 말할 수밖에 없다고 생각했다.

신 장로는 피곤하여 곧 잠에 빠져들었다.

2050년 여름 어느 날 신방주 장로가 드디어 강남 소생 보존원에서 눈을 떴다.

허일만 원장이 환호성을 올리며 큰 소리로 물었다.

"신 장로님, 정신이 드세요?"

신 장로의 입이 서서히 움직이더니 자그마한 소리로 무언가 알아들을 수 없는 말을 계속했다. 허 원장이 얼른 핸드폰을 꺼내어 그 말을 녹음하기 시작했다.

아래는 신 장로가 아람어로 말한 내용을 한국어로 번역한 것이다.

[새 주기도문

없이 계신 한님. 이름은 존재의 근원이시고 한
님의 뜻이 세상의 시작부터 지금까지 여기에 이
루어지이다.
오늘 우리가 먹을 양식을 서로 나누어 먹고 우
리가 우리에게 잘못한 사람을 용서하기 전에,
우리의 잘못을 먼저 알게 하시고 우리가 시험에
들더라도 낙심치 말고, 다만 온전한 인간이 되
게 하소서.
모든 있음과 없음이 한님께 영원히 있사옵나이
다. 아멘.]

예수님의 폭소 끝.

강남 소생 보존원 허 원장

강남 소생 보존원 허 원장

'강남 소생 보존원'은 냉동인간을 만드는 병원이다. 불치병으로 사망한 사람을 냉동 보존한 후, 미래에 의학이 발달하면 시신을 해동하여 소생시키는 일을 하는 병원이다. 허일만 원장은 얼마 전 강남 S 교회의 신 모 장로를 성공적으로 냉동 보존하여 매스컴의 주목을 받았다.

그의 상담실에 남색 양복을 말끔히 차려입은 50대 남성이 들어왔다.

"안녕하세요. 허일만 원장님."

"네, 안녕하세요. 상담하러 오셨나요?"

허 원장의 목소리가 상냥했다. 상담을 원하는 사람들은 대부분 심적으로 불안한 상태라서 세심하게 대해야 한다.

이 사람도 선뜻 입을 떼지 못했다.

예수님의 폭소

"무슨 말씀이든 편하게 하시면 됩니다. 여기서 나눈 대화는 절대 밖으로 나가지 않으니 부담 없이 말씀하세요."

그가 긴 한숨을 내쉬더니 입을 열었다.

"저희 어머니가 지금 88세이신데 뇌종양이라서 치료가 어렵습니다. 냉동 보존을 할 수 있을까요?"

"네, 물론입니다. 의식은 있으신가요?"

"거의 없습니다."

"실례지만 아드님은 지금 무슨 일을 하시죠?"

"대학에서 경제학을 가르치고 있습니다. 이름은 최서준입니다."

"아, 최 교수님이시군요. 마실 거 한 잔 드릴까요? 커피나 다른 음료도 있습니다."

환자나 그 가족들과 대화는 부드러운 분위기가 중요하다. 허 원장은 환자의 신분이 확실하고 시간 여유가 있을 때는 음료를 권했다. 최 교수는 녹차를 원했고 허 원장이 직접 뜨거운 물을 받아서 작설차를 내려주었다.

한 모금을 마시고 그가 말했다.

"제가 냉동 보존술에 대해 잘 모르는데 설명을 좀 해주실 수 있을까요?"

"네, 간단히 말씀드리죠. 계약한 환자가 위독하면 가까이에 대기하고 있다가 사망 선고 직후, 체온을 낮춰 세포 조직 손상을 최소화합니다. 이후 몸속의 혈액을 모두 빼내고 특수 액체를 혈관에 집어넣어 세포가 어는 것을 방지합니다. 처리가 끝난 시신을 영하 196℃의 액체 질소 탱크에 거꾸로 담아 보존합니다. 선택에 따라서 전신 냉동이 아닌 뇌만 분리해 부분적으로 냉동할 수도 있습니다."

"아, 왜 거꾸로 보관하나요?"

"만에 하나 탱크 안에 온도가 올라갔을 때, 뇌의 손상을 최소화하기 위해서입니다."

"뇌만 보존하면 몸은 어떻게 되나요?"

"몸은 화장합니다. 미래에 과학이 발달하면 뇌세포로 신체를 복제할 수 있고, 로봇으로 된 몸을 만들 수도 있을 겁니다."

최 교수가 녹차 잔을 들고 입으로 불어 가며 천천히 마셨다.

"어머님께서 냉동 보존 계획에 대해 알고 계신가요?"

허 원장의 질문이었다.

예수님의 폭소

"모르십니다. 그래서 가족 간에 의견이 좀 맞지 않습니다."

두 사람의 시선이 마주쳤고 최 교수가 말을 이었다.

"어머니는 35살에 혼자가 되시고, 50년 넘게 저희 3남매를 위해 사셨습니다. 고생만 하셨는데 이제 좀 여유가 생기니 뇌종양이라니…. 너무 마음이 아픕니다. 제가 장남인데 효도는커녕 신경질 낸 기억밖에 없습니다.

저의 어머니가 의학이 발달한 미래에 깨어나서 몇 년만이라도 즐거운 세상을 사시면 제가 한이 없겠습니다. 지금 못한 효도도 그때 되면 할 수 있을 텐데, 동생들은 찬성하지 않습니다."

"네, 찬성하지 않는 이유가 뭔가요?"

우물거리던 최 교수의 입이 다시 열렸다.

"막내는 제가 어머니의 허락을 받지도 않고 맘대로 할 수는 없다고 합니다. 어머니가 나중에 깨어나고 싶은지 아닌지도 모르면서 이런 일을 하면 안 된다는 겁니다. 이해가 안 되는 바는 아니나, 제 생각에는 어머니도 찬성하실 것 같습니다.

또 다른 동생은 나중에 우리 모두 천당에서 기쁘게 만

날 텐데 왜 이런 일을 하냐고 합니다. 경비도 크게 들고 매달 보존비를 내야 하니 꼭 하려면 제가 혼자 부담하라고 합니다. 그래서 그런다고 했습니다."

"네, 이해합니다. 그런 분들이 왕왕 있습니다."

"지금 한국에서 냉동인간이 몇 명이나 되죠?"

"현재는 제 환자까지 세 분입니다. 첫 번째는 2020년 5월 암으로 숨진 80세 할머니신데 사연이 최 교수님과 비슷합니다. 아들 김 모 씨가 혈액암인 어머니를 보존하길 원했죠. 두 번째 사례는 암으로 떠난 아내를 남편이 소생 보존 계약을 했다고 합니다.

세계적으로는 6백 명 정도 되고, 계약하고 기다리는 사람들은 3천 명이 좀 넘는 것 같습니다. 최초의 냉동인간은 1967년, 75세에 폐암으로 사망한 미국의 심리학자 베드포트 박사입니다."

"그렇군요. 제가 제일 궁금한 것은… 나중에 해동하면 정말로 깨어날 수 있는지… 원장님의 말씀을 듣고 싶습니다."

최 교수의 질문에 허 원장이 헛기침을 하더니 입을 열었다.

예수님의 폭소

"솔직히 냉동 보존 기술이 아직 완벽하지는 않습니다. 해동 기술은 아직 걸음마 단계이고요. 일부 냉동 생물학 학자들은 인체 냉동 보존에 회의적입니다. 과학이 아니라 허황된 믿음의 영역이라는 거지요.

일부 종교인들은 하나님의 영역을 침범하지 말라고 비난하고, 어떤 사람들은 죽은 후 소생하겠다는 것은 헛된 망상이니 죽음을 순리대로 받아들이라고 합니다."

최 교수가 눈을 지그시 감고 듣고 있었다.

"제가 너무 부정적으로 말했습니다만 그래도 저는 믿는 구석이 딱 하나 있습니다. 바로 인류의 과학과 의학의 발전 속도입니다. 30년 전만 하더라도 인터넷이 이렇게 세상을 바꿀 거라고는 상상하기 어려웠지요.

인체 냉동의 기술적인 문제도 최근 엄청나게 발전했습니다. 예전에는 인체를 냉동할 때 수분이 얼면서 칼처럼 변해 세포 조직을 손상하는 위험이 있었습니다. 그 피해를 최소화하기 위해 대퇴동맥과 경동맥을 통해 체외순환 통로를 만들고, 체외 순환기를 사용해 환자의 체온을 낮춘 다음, 혈액을 냉동 보호액으로 바꾸는 기술이 개발되었습니다.

이렇게 세포 손상을 최소화하는 냉동 보호액을 제가 특허 신청했고, 이번 강남 S 교회의 신 장로님께 넣어 드렸죠. 이렇게 냉동하는 방법을 '유리화'라고 합니다. 날카로운 결빙이 없이 유리처럼 매끈하게 되는 냉동 기술이지요."

허 원장이 차를 한 모금 마시고 계속 말했다.

"냉동 보존 기술은 불치병 환자는 물론이고, 우주여행에도 필요한 기술입니다. 몇백 년을 날아가야 하는 우주여행은 인체를 냉동한 후 깨우는 수밖에 없고, 이때 적용하는 기술은 많은 사람에게 관심이 있을 것입니다.

살아 있는 상태에서 냉동함으로써, 해동 후 소생할 가능성이 매우 크기 때문이죠. 개구리가 동면에서 깨어나는 것과 같습니다. 물론 인체를 그렇게 하는 것은 현대 과학으로는 불가능할 뿐만 아니라 불법입니다."

허 원장이 녹차를 한 모금 마시고 말을 이었다.

"사실 해동은 현대 과학 수준으로는 아직 멀었습니다. 나노 과학[1]이 발달하여 나노 로봇이 혈관 안으로 들어가 치료할 수 있어야 하는데, 아마 10년 정도 후에는 가능하지 않을까 생각하는 사람도 있습니다. 심장이나 폐, 신

장 등의 해동은 가까운 시일 내에 가능할 것도 같은데, 역시 뇌가 제일 문제지요.

하지만 2016년에 미국의 브레인 보존재단 의학 연구소에서 토끼의 뇌를 얼렸다가 손상 없이 해동한 사례가 있습니다. 연구팀은 토끼의 뇌에서 혈액을 빼내고 특수 고정액을 주입해 조직의 부패를 막은 후 영하 135℃의 온도에서 이를 보관했습니다. 이후 뇌에 주입한 고정액을 다시 제거하여 온도를 올려주자 뇌세포 안의 구조와 신경 연결망 모두 손상이 없었습니다. 포유류를 대상으로 한 해동 실험의 첫 성공이었지요."

"아, 대단하군요. 그럼 인간의 뇌도 해동이 곧 가능하겠습니다."

"네, 그러나 토끼의 뇌와 인간의 뇌는 달라서 가까운 장래에는 어려울 것입니다."

허 원장의 말에 최 교수의 얼굴이 다시 어두워졌다.

"제가 원장님 시간을 너무 많이 뺏었네요. 오늘 여러 말씀 감사합니다. 가족들과 더 상의하고 다시 오겠습니다."

최 교수가 핸드폰으로 시간을 보며 말했다.

"네, 언제든지 연락하세요."

허 원장이 메일 주소가 적힌 명함을 건넸다.

최 교수가 나가자 곧 다음 상담자가 문을 열고 들어왔다. 자주색 미니스커트를 입은 젊은 여성이었다. 여자가 허 원장 앞 소파에 허연 허벅다리를 꼬고 앉았다.

"허 원장님, 소생 냉동 보존 비용이 얼마인가요?"

그녀의 질문은 직선적이었다.

"본인이 보존을 원하시나요?"

허 원장이 몇 초 후에 물었다.

"네, 그런데요?"

여자의 눈썹이 날카롭게 올라가는 것을 본 허 원장이 조심스레 다시 말했다.

"아직 30대 같아 보이는데 왜 소생 시술을 받으려는 건가요?"

"호호, 고마워요. 저는 오늘이 49살 생일이랍니다. 제가 50이 넘으면 아무리 노력해도 아름다운 얼굴이나 몸매를 유지하기 어렵잖아요. 이왕이면 미래에 젊은 몸으로 사는 게 좋지 않을까요?"

"어디 아프신 데는 없으시고요?"

예수님의 폭소

여자가 대답을 막 하려는데 원장실 문이 열리며 덩치 큰 남자가 들어왔다.

여비서가 따라 들어오며 말했다.

"이렇게 막 들어가시면 안 된다고 말씀드렸는데…."

상황을 보니 여자의 남편 같았다.

"아니, 괜찮아요. 여기 앉으세요."

허 원장이 침착하게 자리를 권했다.

역시 남편이었고 영화배우 마 모 씨처럼 팔뚝이 굵고 눈썹을 찌푸리고 있었다.

여자는 남편과 눈을 마주치지 않았다.

"허 원장님."

"네."

굵고 우렁찬 목소리에 허 원장은 빠르게 대답했다.

"이 여자는 머리가 제정신이 아닙니다. '달걀에 털이 없듯이 여자의 머릿속에는 지각이 없다.'는 말이 있습니다.

바울 사도도 '여자는 일체 순종함으로 조용히 배우라. 여자가 가르치는 것과 남자를 주관하는 것을 허락하지 아니하노니 오직 조용할지니라. 이는 아담이 먼저 지음을 받고 하와가 그 후며 아담이 속은 것이 아니고 여자가 속아 죄에 빠졌음이라.[2]고 하셨지요."

혹시 목사님이냐고 물어보려는 허 원장의 입이 열리기 전에 그가 계속 말했다.

"원장님께 미안하지만 저는 냉동 소생술을 믿지 않습니다. 더욱이 아직 젊은, 아니 젊게 보이는 여자가 여기에 꽂혀서 이런 짓을 한다는 것은 절대 반대입니다."

이번에는 여자가 입을 열었다.

"원장님, 제가 머리가 이상한 여자라면 이 남자는 골이 따분한 남자예요. '고리타분'이 아니라 골이 따분하다고요."

"이 여자는 20년간 얼굴 성형만 스물다섯 번 했어요. 지금도 보톡스 부작용으로 눈썹이 이마 꼭대기에 붙어 있습니다. 하다 하다 이제 냉동 보존까지 하려 합니다. 원장님이 잘 말씀하셔서 이 사람 생각 좀 바꿔 주세요."

남편은 인상보다는 부드러운 사람인 성싶었다.

"너무 걱정하지 마세요. 어차피 불치병으로 임종한 사람만 냉동 보존을 할 수 있습니다. 부인이 아름다움을 유지하기 위해 이 시술을 받는다면 제가 '자살 조력 행위'를 한 것으로 형사 처벌을 받습니다. 반드시 현대 의학

예수님의 폭소

으로 치료 불가능한 질환이 있다고 인정되어야 합니다."

이 말을 받아서 여자가 말했다.

"원장님, 남편이 말했듯이 저는 제정신이 아니에요. 이것은 현대 의학으로 치료 불가능한 질환이라고 인정되었어요."

"실례지만 남편분은 무슨 일을 하시나요?"

허 원장이 화제를 돌렸다.

"요즘 잘나가는 강남 순믿음 교회 목사예요. 믿음밖에 없고 행동은 굼뜬 답답한 양반이에요. 제가 목사 사모로 3년간 일했는데 적성에 너무 안 맞아요. 그냥 노느니 멸치 똥 뺀다는 심정으로 여기 온 거예요. 소생 냉동 보존 비용이 얼마 드는지 얼른 알려 주세요."

"죄송하지만 손님은 냉동 보존 자격이 없어서 알려 드릴 수 없습니다."

이때 남자가 여자의 손목을 잡고 낚아채듯 일어났다.

"아이고, 이제 목사님이 폭력까지 쓰네. 허 원장님 죄송해요. 다음에 올게요."

끌려 나가는 여자를 보고 허 원장은 잠시나마 안쓰러움을 느낄 뻔했다.

며칠 후, 허 원장의 진료실에 그 남자가 다시 나타났다. 순믿음 교회 목사가 이번에는 혼자 온 것이다. 검은 양복을 입고 두꺼운 성경책을 손에 들고 있으니 지난번과 분위기가 사뭇 달랐다.

　"허 원장님, 지난번에는 실례가 많았습니다."

　"아, 아닙니다. 목사님이 소생 보존 상담하시러 오셨나요?"

　"허허, 그건 아니고요. 지나는 길에 성경책 한 권 드리려고 잠깐 들렀습니다."

　"아, 감사합니다만 저도 집에 성경책 많습니다."

　"그러니까요. 집에만 있으면 안 되지요. 지난번에 보니까 진료실에 성경책이 없더라고요. 그리고 여기서 저희 교회가 가까우니 언제 한번 구경 삼아 오세요."

　목사님이 검은 가죽으로 된 두꺼운 성경책을 허 원장의 책상 위에 올려놓았다.

　"주시니 받겠습니다만 여기에 둘 수는 없습니다."

　"아니 왜요? 하나님의 말씀인 성경을 늘 곁에 두셔야지요."

　"제 진료실에 오는 사람이 모두 기독교인은 아닙니다.

종교가 없는 사람이나 다른 종교인들은 오히려 좋아하지 않을 수도 있습니다. 목사님은 실례지만 성함이 어떻게 되시나요?"

"저는 나충만 목사라고 합니다."

충격을 받은 듯 잠시 눈을 껌벅거리던 목사가 이름을 말했다.

"아, 나 목사님이시군요. 목사님 혹시 건강 보험 있으신가요?"

"네, 그래도 저는 냉동 소생 보존을 할 생각은 없습니다. 별로 아픈 곳도 없고요."

"아픈 데도 없으신데 건강 보험은 왜 들으셨나요?"

"허허, 어느 구름에 비 들었는지 모른다고, 살다 보면 다칠 수도 있고 아플 수도 있는 거 아닙니까."

나 목사가 설교의 한 장면처럼 설득력 있게 말했다.

"제가 질문 하나 해도 될까요?"

"예, 물론이지요."

"하나님이 나 목사님의 기도를 들어주시나요?"

마침 그런 질문을 기다렸다는 듯 나 목사가 눈을 가늘게 뜨며 입을 열었다.

"네, 그럼요. 예수님은 저의 기도를 들어주시고 성령의 은혜로 응답하시지요. 저는 매일 하나님과 교통하며 그분의 은총 안에서 살고 있습니다."

"목사님이 기도하면 다 응답하시는데 왜 건강보험료를 내시나요?"

나 목사의 얼굴에 퍼져 있던 미소가 삽시간에 사라졌다.

"음, 때로는 저의 기도에 응답하시는 게 하나님의 뜻이 아니기 때문입니다. 원장님도 저희 교회에 나오시면 무슨 말인지 아실 거예요."

"나 목사님이 주신 이 성경책, 요한복음 14장 14절에 뭐라고 나와 있지요?"

"'내 이름으로 무엇이든지 내게 구하면 내가 행하리라.'는 말씀이 있지요."

나 목사가 회사 면접을 보듯 큰 소리로 말했다.

"네, 맞습니다. 성경에 그렇게 있는데 왜 그걸 믿지 않으시고 보험을 드셨지요?"

"허 원장님, 하나님은 하늘에 계신 산타가 아닙니다. 그분은 그런 식으로 아무 기도에나 응답하시지 않습니다."

"성경에 예수님이 기도에 응답한다고 약속하셨는데요?"

"왜냐하면 간혹 제 기도보다 더 큰 신의 뜻이 있기 때문이지요."

"그렇다면 성경이 잘못 쓰인 거 아닌가요?"

"아닙니다. 하나님께서 기도에 응답하시지 않는 건 그것이 그분의 계획이 아니기 때문입니다. 하나님은 자동판매기가 아니에요. 하나님을 그렇게 무시하시면 안 됩니다."

나 목사의 언성이 높아졌다.

"왜 화를 내시나요? 제가 무시하는 게 아니고 목사님이 성경을 믿지 못해서 보험을 드신 건데요."

"원장님, 우리 인간은 하나님의 신비를 전부 이해할 수는 없어요. 알고 보니 원장님은 불쌍한 분이군요."

나 목사가 자리에서 일어나면서 계속 말했다.

"언젠가 허 원장님이 회개하고 하나님께 돌아오기를 기도하겠습니다."

문을 열고 나가던 그가 다시 돌아와 책상 위에 둔 성경책을 가지고 나갔다.

다음 환자가 들어왔는데 오래 기다려서 잔뜩 짜증이

난 얼굴을 하고 있었다. 차트를 보니 나이는 85세, 폐암 환자라고 쓰여 있다.

"할머니, 안녕하세요. 소생 보존 상담하러 오셨나요?"

"나는 미세스 김이에요. 할머니가 아니고. 선생님이 나를 냉동해서 나중에 다시 살려 주실 수 있나요?"

"네, 강남 소생 보존원에 잘 오셨어요. 할머니. 아니 미세스 김. 어떤 불치병 때문에 오셨나요?"

"간경화인데 나이가 있어서 그런지 진행 속도가 느리다네요. 나는 가능하면 뇌만 냉동하려고 하는데 가격을 좀 잘해 주실 수 있나요? 호호."

할머니가 팔짱을 가볍게 끼면서 붉은 잇몸이 드러나게 웃었다.

"아, 저희 강남 소생 보존원은 고객 모두에게 균일가로 제공하고 있어서 가격이 다 같습니다. 대신 냉동 뇌의 품질 보증은 물론, 추후 관리에도 차질이 없도록 철저한 서비스를 보장합니다."

"그래도 나이 많은 사람에게는 에누리 좀 해 주서야지. 큰 캡슐 한 개에 냉동 인체 4구가 네 방향으로 들어가고, 중간 공간에 뇌 5개에서 6개를 보존하니 경비 면에서 대단히 효율적이라는 것도 알고 있어요. 냉동이래야 뭐 액화 질소 좀 쓰는데, 그거 비용이 뭐 그리 비싸겠수? 호호."

미세스 김이 냉동 보존에 대해 공부를 하고 온 듯했다.

"액화 질소가 문제가 아니고 모든 과정이 얼마나 치밀하고 신속하게 처리되느냐가 중요하지요. 비용은 여기 이 기준표에 따라서 하고 있습니다. 혹시 필요하시면 6개월 할부로는 해 드릴 수 있습니다만 직계 자손이 보증을 서야 합니다."

허 원장이 서랍을 열고 소생 냉동 보존 가격표를 할머니에게 건넸다.

할머니가 핸드폰으로 사진을 찍으려 했다.

"할머니, 아니 미세스 김, 이건 사진 찍으면 안 돼요."

그러나 미세스 김은 막무가내로 사진을 몇 장 찍었다. 찰칵찰칵.

〈강남 소생 클리닉 가격표〉

1. 전신 냉동
정가: 1인당 1억 5천만 원
보존비: 월 110만 원 * 3년에 한 번씩 물가 상승에 따

른 조정 예정
계약 기간: 99년

2. 뇌 냉동
정가: 1뇌당 5천만 원
관리비: 월 50만 원
계약 기간: 99년

* 애완견은 몸무게에 따라 가격 차이가 있습니다.
자세한 문의는 010 754× 79××로 주세요.

고양이는 내년부터 취급합니다.
대기 목록 접수합니다. 이상입니다.

가격표를 가볍게 훑어본 미세스 김이 말했다.

"나는 뇌만 할 건데 나중에 젊은 얼굴을 입힐 수 있겠
지요?"

"네, 당연히 의학이 발달하면 그렇게 될 날이 옵니다.
얼굴뿐 아니라 머리 아래 몸을 붙일 때 젊고 건강한 심
장, 폐, 신장 등 좋은 장기로 교체하실 수 있을 겁니다."

"그래서 내가 뇌만 하는 거예요. 지금 이 몸이 나중에

다시 살아 뭐 해요. 괜히 골치만 아프지요. 데이트도 못 하고, 호호. 그런데 뇌만 냉동하려면 몸에서 머리를 떼 내야 하나요?"

미세스 김이 남 이야기하듯 물었다.

"네. 나중에 경동맥을 잘 연결할 수 있도록 각별히 신경을 쓰니 너무 걱정하지 마세요."

짧은 침묵 후에 그녀가 말했다.

"사실은 남편한테도 뇌 소생 냉동 보존을 하라고 설득하고 있어요. 우리가 미래의 어느 날 같은 시간에 일어나서 서로 만나면 얼마나 좋겠냐고. 미국의 어느 회사는 이렇게 부부가 하면 할인을 많이 해 주던데."

"아, 그러시군요. 저희도 그런 경우에는 특별 할인 혜택이 있습니다. 남편분은 연세와 건강 상태가 어떤가요?"

"나이는 이제 79살밖에 안 되었고 아주 건강해요. 그래서 잘 안 넘어가요."

"네, 사실 이렇게 가족이 같이 소생 시술을 하시는 게 참으로 바람직하지요. 교회나 성당 다니시는 분들도 나중에 천당 가서 가족들 만난다는 희망으로 가시는 거잖아요. 평생 교회에 헌금하고 십일조까지 하시는 걸 생각하면 저희는 아주 염가입니다. 두 분이 같이 계약하시면 특별히 10% 할인으로 모시겠습니다."

"할인이 얼마 안 되네요. 여하튼 남편에게 소생 냉동 보존술이 어떻게 진행되는지 자세히 설명하고 싶어요. 설명서가 있나요?"

"네, 물론이지요. 사진은 찍지 마시고요."

허 원장이 중간 서랍에서 컬러 인쇄물을 꺼냈다. 인쇄물에는 냉동 소생 보존술에 대한 역사적 기록부터 나와 있었다.

미세스 김이 인쇄물을 읽어 내려갔다.

〈냉동 소생 보존술의 역사〉
인체를 냉동하여 후일 살려낼 수 있다는 생각을 처음 한 사람은 미국의 물리학자 로버트 에틴거였다. 그는 1918년 뉴저지주 애틀랜타에서 러시아계 유대인 이 민자의 아들로 태어났다.
웨인주립대에서 물리학을 전공한 후, 모교에서 물리학을 가르치다 제2차 세계대전에 참전해 독일군과 전투 중 중상을 입었다. 다리를 절단해야 하는 상황이었으나 뼈 이식수술이 성공하여 다리를 보존할 수 있었다.
이때부터 에틴거는 머지않은 미래에 현재보다 더 발

예수님의 폭소

달한 의술이 등장하게 되면 신체 일부뿐 아니라 생명을 영구 보존할 수 있으리라 생각했다. 그는 이러한 견해를 구체적으로 정리해 1962년《냉동인간(The Prospect of Immortality)》을 출간해 학계에 큰 반향을 일으켰다.

현재로서는 불가능하나 냉동과 해동 과정에서의 세포 손상을 막을 수 있는 기술이 미래에 개발되면 인체 냉동 보존이 가능하며, 이후 인체를 소생시킬 수 있다는 것이다. 에틴거는 1976년 뜻을 같이하는 3명과 함께 디트로이트에 냉동 보존을 원하는 사람의 시신을 영하 196℃의 액체 질소 탱크 속에 장기 보관해 주는 냉동보존연구소(CI: Cryonics Institute)를 세웠다.

냉동된 사람을 해동할 수 있는 나노 기술이 등장할 때까지 시신을 냉동 보존할 것을 주창했던 이 연구소의 첫 고객은 1977년 사망한 에틴거의 어머니였다. 이후 1987년 첫 번째 아내는 물론, 2000년 두 번째 아내가 숨지자 에틴거의 뜻에 따라 두 아내 모두 냉동 탱크로 들어갔다.

2011년 숨진 에틴거의 시신 또한 냉동 보관됐다.

설명서를 다 읽은 미세스 김은 미간을 찌푸렸다.

"흠, 걱정되는 게 있어요."

이 할머니가 또 무슨 시비를 걸려나 하고 허 원장도 미간을 좁혔다.

"이 로버트 에틴거라는 사람, 나중에 두 아내가 같이 깨어날 텐데 누구와 살려나요?"

허 원장은 이 할머니와 더 대화하고 싶지 않았다.

"미세스 김, 제가 말씀을 들어 보니 아직 확신이 없으신 것 같은데 나중에 결심이 서시면 다시 뵙지요."

"어머, 저는 하려고 하는데 우리 남편이 문제라니까요. 이 브로슈어는 가지고 가도 되죠?"

"안 됩니다. 외부 유출용이 아닙니다."

미세스 김이 브로슈어를 허 원장의 책상에 놓고 하이힐 소리를 또각또각 내며 방을 나갔다.

시간이 벌써 6시를 넘기고 있었다. 허 원장은 퇴근을 서둘렀다. 지하 차고에서 빨간 벤틀리를 꺼내 저녁 약속이 있는 콘티넨탈 호텔을 향해 엑셀을 밟았다. 저녁 약속은 대학교 동창인 생물학자 최서준 박사였다.

호텔 로비는 정장으로 차려입은 사람들로 북적거렸고, 50층 일식당으로 직행하는 엘리베이터는 소리 없이 빨랐다.

예수님의 폭소

하얀 자갈 위에 굵은 대나무를 심어놓은 식당 입구로 들어서니 깔끔한 유니폼을 입은 여종업원이 예약한 방으로 안내했다. 최 박사가 벌써 와서 그를 기다리고 있었다.

"야, 허 원장, 요즘 매스컴에 자주 나오더니 얼굴이 훤해졌네."

"하하, 천만에. 최 박사야말로 요즘 바이오 업계에서 뜨는 별 아닌가. 미국의 F 사도 스카우트하려다 못했다는 소문이 있던데 사실인가?"

"응, 몇 회사에서 연락이 오긴 했는데 한국에 살고 싶어서 사양했어. 이번 돼지 장기 실험을 끝으로 이제 외국 생활은 마치고 서울에서 학생들이나 가르치면서 살려고."

"아, 그 돼지 장기 실험은 정말 대단했어. 국제학술지 네이처에 실린 거 나도 봤네."

종업원이 주문받으러 들어왔다.

"여기는 도미 우스쯔꾸리가 최고야. 우선 그걸로 시작하지."

"그래. 허 원장이 추천하는 건데 무조건 먹어야지."

최 박사가 돼지 장기 실험 이야기를 이어 나갔다.

"그동안은 심장이 한 번 멈추면 되돌릴 수 없다고 알려졌지. 몇 분 내 체내 각 조직에 산소 공급이 중단되고 효소들이 세포막을 분해해 장기들이 부패하니까. 이번 실험이 의미 있는 건 돼지가 사망한 상태에서 특수 용액을 주입해 장기 기능을 되살렸기 때문이지."

"그래. 인체 장기 이식이 어려운 이유도 마찬가지 아닌가."

허 원장이 맞장구를 쳤다.

"그렇지. 뇌사 환자는 사망 판정 후 두 시간 안에 장기이식을 해야 하는데 이 타이밍을 놓치거나, 심장 박동이 미약하게 계속돼 사망 선고가 늦어지면 장기가 손상하니 이식을 할 수 없어. 이런 문제로 장기 기증의 실패율이 50%가 넘는 건 허 원장도 잘 알겠지.

돼지 실험처럼 사람의 사체에서 심장, 간, 신장 등 장기가 오랜 시간 기능을 유지할 수 있다면 장기 이식에 획기적인 발전을 가져올 수 있네. 물론 인체에 적용하려면 아직 멀었지만."

삿포로 병맥주가 나왔다.

시원하게 한 잔씩 따라 마신 뒤 최 박사가 애피타이저로 나온 삶은 강낭콩을 손으로 까서 입으로 넣으며 이야기를 계속했다.

"이번 실험이 장차 인간의 장기 이식에 크게 기여할 거라는 찬사와 함께, 삶과 죽음을 나누는 경계를 무너뜨렸다는 비판도 나왔네. 그러니까 이번 연구로 인해 '뇌와 심장, 폐 기능의 완전 상실'이라는 죽음에 대한 의학적 정의가 도전받을 수 있다는 거지. 심장이 아직 뛰거나, 뇌기능이 살아 있는 상태에서 사망을 선고하고 장기를 적출 해 이식해도 되느냐 하는 윤리 문제가 불거질 거야."

반쯤 빈 최 박사의 잔에 맥주를 따르고 허 원장이 궁금한 것을 물었다.

"이번 실험은 어떤 과정으로 진행되었나? 특수 액체도 개발했던데?"

최 박사가 대답하려는데 요리가 나왔다.

큰 접시에 도미 사시미를 얇게 썰어 얹은 우스쯔꾸리는 거의 투명하여 접시의 무늬가 비쳐 보일 정도였다. 당근과 무를 갈아 넣은 뽄스 소스에 사시미를 찍어 먹으니 삼빡한 맛이 일품이었다.

"음 역시 허 원장 입맛은 알아줘야 해. 앞으로 나도 이 거 많이 시켜야겠네."

"하하. 요즘 나에게 헛일만 한다는 사람들이 많은데 오늘 처음으로 보람 있는 일을 했구먼."

잠시 두 사람이 쏩쏩, 쩝쩝 소리를 내며 사시미를 반 정도 먹은 후 최 박사가 말을 이어 나갔다.

"우리 연구팀은 실험용 돼지 여러 마리를 마취 상태에 서 심정지 유도를 통해 죽게 한 뒤, 1시간 후 인공 심폐 장치를 활용해 혈액 대체재인 '오르간 엑스(Organ EX)' 라는 특수 용액을 혈관에 주입했네. 돼지 심장이 다시 뛰고, 간에선 알부민이 생성되어 신진대사가 이뤄지고, 뇌세포를 제외하고 대부분의 장기가 다시 기능을 하기 시작했지. 오르간 엑스는 영양분과 항염증제, 혈액 응고 방지제, 세포사 예방제, 신경 차단제, 인공 헤모글로빈과 돼지의 피를 섞어 만들었지."

"대단하군. 그런데 극비인 '오르간 엑스' 제조비법을 나한테 다 말해 버렸네. 사람한테도 활용할 수 있을 텐 데. 하하."

예수님의 폭소

"응, 돼지 장기는 약 14일간 정상 기능을 유지했는데 사람은 어찌 될지 모르지."

"와, 14일 동안 장기 이식을 할 수 있다는 말인데, 정말 대단한 업적이네."

"하하. 아직 인체는 몰라. 특히 해동 기술은 나노 로봇이 개발되기 전까지는 불가능할 거야."

사시미를 거의 다 먹고 허 원장이 스시를 주문했다.

"요즘 자네 사업은 좀 어떤가?"

맥주 한 잔을 비우고 최 박사가 물었다.

"나도 자네처럼 대학에서 연구하고 학생들이나 가르칠 걸 괜히 사업을 벌여서 골치 아픈 일이 많아. 냉동 기술은 어느 정도 자신이 있는데 역시 해동이 문제야."

"그래. 심지어 일부 곤충, 거미 등은 얼었다가 녹으면 저절로 깨어나는데 곤충은 슈퍼 쿨링 기능이 있기 때문이지. 슈퍼 쿨링은 몸 안에 있는 액체가 0℃ 이하가 되어도 얼음 조각이 만들어지지 않는 기능인데 인간의 뇌세포는 그렇게 되기가 어려워."

"나노 로봇은 언제쯤 상용될 것 같은가? 해동 기술의 핵심이잖은가."

"아마 몇 년 안에 가능할 거야. 과학 기술이야 늘 우리의 상상을 초월하니까."

허 원장이 시킨 스시와 장국이 나왔다. 길고 하얀 도자기 그릇에 각종 스시 열두 점이 담겨 있는데 밥알이 작고 생선이 길고 실하다.

두 사람이 스시 몇 점을 먹느라 잠시 대화가 중단되었다. 50층에서 내려다본 강남 시내는 점점 어둠이 깃들며, 오늘 밤 인간들의 각종 활동을 맞이할 준비로 번쩍이기 시작했다.

"인간이 영생을 원하는 건 가장 원초적인 욕망이겠지. 영생…, 불멸이란 무슨 의미일까? 최 박사 생각은 어때?"

허 원장이 진지한 목소리로 물었다.

"질문이 철학적이네. 음… 몇 가지로 생각해 볼 수 있겠지. 우선 살아 있는 육신이 죽지 않기를 바라는 것이 가장 원초적 불멸일 텐데, 진시황부터 지금까지 아직 성공한 사람은 없네. 성경에 나오는 엘리야 선지자나 하늘로 바로 올라갔다는 에녹을 제외하고는 말일세. 하하."

"그렇지. 하지만 그런 이야기는 신화에 불과하지."

"그럼 예수가 부활한 것은 어떻게 생각하나? 그것도

신화라고 하면 교회에서는 믿음이 없다고 하지. 하하. DNA 구조를 발견한 생물학자 프랜시스 크릭은 '만약 성서 일부가 명백한 오류라면 왜 그 나머지 부분을 당연히 맞다고 생각해야 하는가?'라는 말을 했지. 반대로 '만약 성서의 일부분이 명백히 맞다면 왜 그 나머지 부분을 당연히 오류라고 생각해야 하는가?'라고 말한 목사님은 아직 없네. 하하."

두 사람의 시선이 마주치며 웃었고, 웃음소리가 창밖 어둠에 스몄다.

"불멸의 두 번째 개념은 육신은 결국 소멸하지만, 예수님처럼 부활할 수 있다는 믿음이네. 그 부활이 육신의 부활인지 영혼의 부활인지에 대한 논쟁이 초기 기독교에서 있었는데 결국 육신의 부활을 교리로 정하게 되었지.

세 번째 불멸의 개념은 영혼 윤회설인데 힌두교 사상을 불교에서 발전시켜 후대에 교리화되었네.

불교도 석가모니 부처님 이후 용수가 나와서 공(空) 사상을 설파했고 이후 무착, 세친 형제가 유식(唯識) 학파를 설립했으며 이후 중국으로 건너가 선불교가 시작되었지.

하지만 이것은 몸이 다시 사는 것이 아닌 영혼의 윤회라는 개념이라 좀 느슨한 면이 있네. 더구나 불교의 마지막 단계인 열반은 다시 천상에 태어나는 것도 아닌, 완전히 모든 윤회의 바퀴를 끊어 버린다는 점에서 좀 다른 느낌이지."

"최 박사가 미국에서 불교 공부도 했군."

"요즘 미국이나 유럽에서는 불교에 관심 있는 젊은이들이 많아. 앞으로 종교가 진화한다면 불교의 영향을 가장 많이 받을 거 같네.

불교는 나중에 만들어진 교리가 처음에 만들어진 교리를 포함하여 초월할 수 있는 종교 같아. 포괄적인 진화라고 할 수 있지. 일본에서는 '대승비불'이라 하여 초기 불교만 불교라고 주장하는 학자들도 있지만."

최 박사가 말하는 동안 허 원장이 스시를 입안으로 계속 넣었다.

"네 번째 불멸의 개념은 개인의 위대한 업적, 즉 뉴턴의 물리법칙, 베토벤의 음악, 톨스토이의 소설 등이 되겠지. 인류가 그들을 영원히 기억한다면 그들은 불멸이지. 가장 느슨한 형태의 불멸이지만 현실적으로 가장 많은

예수님의 폭소

사람이 추구하는 방법이 아닐까.

그렇게 유명한 사람이 아니라도 어려운 이웃을 위해 숭고한 희생을 했거나, 조건 없는 봉사를 평생 한 사람은 하늘의 별처럼 인간의 마음속에서 오래 빛나겠지.

또 최근에는 자신의 뇌 속의 모든 정보를 컴퓨터로 업로드하면 그것이 그 사람의 정체성이 되어 영생한다는 주장도 있다네.”

“그래. 뇌의 정보를 컴퓨터에 넣는 것도 상당히 재미있는 생각이지. 여하튼 몸의 영생이라면 지구 최강은 물곰인데 과연 인간이 이러한 영생을 원할지는 의문이네. 자네 물곰에 대해 잘 아는가?”

최 박사는 고개를 저었고 허 원장은 말을 하느라 식사를 못 한 최 박사를 위해 물곰에 대한 설명을 시작했다.

“물곰은 몸길이가 겨우 1mm밖에 되지 않는 매우 작은 무척추동물로서 다리가 여덟 개이고 얼굴에는 입밖에 없지만, 생명력만큼은 지구 최강이네.

흔히 바퀴벌레가 가장 질긴 생명력을 가졌다고 말하지만, ‘물곰(Water Bear)’에 비하면 아무것도 아니지. 약 5억 3,000만 년 전에 지구에 나타나 다섯 번의 지구 생물대멸종 속에서도 살아남았지. 평균 수명은 150년이나 환경이 건조할 경우 2천 년도 생존 가능하다네.

물곰은 영하 272℃에서도 뇌 손상 없이 견디고, 영상 151℃에서도 산다네. 심지어 진공 상태에서도 10일간 멀쩡하게 살아 있지. 몸이 얼면 물곰은 스스로 체액을 3%만 남기고 빼내서 마른 잎보다 건조하다네. 이때 물곰의 몸에서 특이 단백질이 나오는데 이것이 바로 남극 물곰이 동면 후 20년 만에 해동을 성공적으로 할 수 있는 비밀이지. 이 단백질을 인체를 냉동할 때 쓸 수 있다면 대박일 거야. 하하."

"하하. 그래도 물곰처럼 남극의 바닷속에서 오래 살고 싶은 인간은 없겠지."

스시를 집어 먹으며 최 박사가 한마디 했고 허 원장이 말을 이어 나갔다.

"불멸에 대한 집념과 반대로, 빨리 죽고 싶은 사람들이 있지. 불치병에 걸려 인생을 끝내고 싶은 사람들, 소위 안락사를 원하는 사람들이 많아지고 있네. 한국에서는 아직 불법이지만 안락사에 대한 인식이 많이 바뀌고 있어.

얼마 전만 해도 자살로 보는 경향이 있었는데, 이제는 안락사에 대한 여론조사에서 찬성이 80%나 된다고 하네. 배우 알랭 들롱도 안락사를 원한다는 뉴스를 들었어. 그는 뇌종양 수술 후 안락사를 허용하는 스위스 국적을 취득했고 '누구나 병원을 거치지 않고 수술 자국 없이 조용히 사라질 권리가 있다.'라고 말했지.

호주의 식물학자 구달 박사도 104세인 2018년, 스위스에서 베토벤의 교향곡을 들으며 안락사로 영면했지.

우리나라도 2018년부터 환자 뜻에 따라 무의미한 연명 의료를 중단할 수 있는 일명 '존엄사법'이 시행되었네.

하지만 구달 박사나 알랭 들롱이 선택한 적극적 안락사를 허용하는 나라는 아직 별로 없지. 특히 구달 박사는 병을 앓고 있던 상태도 아니어서 논란이 있었지. 더 이상 삶에서 기쁨을 찾지 못한다는 이유로 스스로 생을 마감하는 선택을 했으니까.

구달 박사의 사례가 알려지면서, 불치병이 없더라도 스스로 죽을 권리가 있는지에 대한 논란이 뜨거웠지."

허 원장의 말이 이어지는 동안 스시를 거의 다 먹은 최 박사가 입을 열었다.

"그래, 아직은 상당히 조심스러운 부분이야. 스위스는 외국인들에게 적극적 안락사, 소위 존엄사를 허락하고 있지. 2020년 스위스에서 집행된 존엄사는 모두 천 삼백 건 정도라는데 점점 더 많은 사람이 스위스행 편도 비행기 티켓을 끊는다네. 존엄사 일정을 확정하고 스위스에 도착하면 의사와 면담하고 안락사 약품을 받고, 환자가 직접 약을 투약한다더군."

"그렇구면. 혹시 스위스에서 존엄사를 하려면 비용이 얼마나 드는지 아는가?"

비용에 대해 민감한 허 원장이 물었다.

"비행기표를 제외하고 병원 비용만 천 오백만 원 정도라고 들었어. 스위스에서 얼마나 체류하느냐에 따라 비용이 더 들겠지."

"날짜를 받아 놓고 결행을 못 하는 사람들도 꽤 있겠지?"

"그럼, 왜 아니겠나. 통계는 없지만 상당하겠지. 어느 젊은 일본인이 신경마비 증세로 날짜를 받아 놓고 약을 손에 쥐었지만, 끝내 마시지 못하고 일본으로 돌아간 경우가 있었다더군. 한국인도 그동안 두 사람이 스위스에서 존엄사를 했다고 하네.

앞으로는 존엄사를 택하면서 동시에 소생 냉동 보존을 원하는 환자가 나올 거야. 어쩌면 허 원장의 사업 발전에는 상당히 획기적인 분수령이 되겠지. 하하.

오랜만에 만나서 너무 무거운 이야기만 했네. 여하튼 자네가 냉동 보존하고 있는 신 모 씨가 세계에서 제일 먼저 해동되어 깨어나길 바라네."

"하하, 고마워. 최 박사."

최 교수가 창밖에 반짝이는 도시로 시선을 돌리며 말했다.

"죽음이 없으면 인생이 가치가 없고 삶이 없으면 인생이 의미가 없다.'라는 말을 중국의 주자가 하셨지. 어렸을 때는 몰랐는데 이제는 조금 이해가 돼."

두 사람은 남은 맥주를 서로의 잔에 채웠다. 50층에서 내려다보는 서울의 야경은 밤이 깊어 갈수록 인간의 욕망을 불꽃놀이하듯 뿜어내고 있었다.

허 원장이 집에 돌아왔을 때는 9시가 조금 지났다. 허 원장은 칠레산 레드 와인 한 잔을 들고 컴퓨터를 켰다. '강남 소생 보존원' 인터넷 사이트를 매일 관리해야 하기 때문이다.

가장 뜨거운 이슈는 인체 냉동에 대한 찬반 토론이다. 찬성하는 사람은 별문제가 없지만, 반대하는 사람들을 잘 설득해서 찬성으로 돌리는 것이 허 원장이 인터넷 사이트를 만든 이유다. 하루에 5~6건 정도 반대 의견이 올라오는데 그중에 몇 개는 답변을 잘해 줘야 한다.

허 원장의 눈길을 잡은 질문이 있었다.

〈허일만 원장님, 저는 논현동에 사는 H입니다. 제 아파트에서 내려다보면 허 원장님의 강남 소생 보존원 간판이 크게 보입니다.

단도직입적으로 말씀드려 미안하지만, 가능성 없는 일을 마치 가능한 듯이 선전하여, 사람들을 혹세무민하는 것은 죄악입니다. 그것도 생명을 다루는 일은 하나님의 영역인데 감히 인간이 침범하다니요.

현대 의학에서 심장과 뇌가 멎은 사람을 되살리는 의학 기술은 절대 가능하지 않습니다.

냉동 복원 기술이 검증되지 않은 상황에서 막연한 희망에 기댄 사기성 사업입니다. 시신을 보존하고 유지하는 비용이 엄청나고 결국 '부자를 속이는 엉터리 서비스'가 되겠죠.

예수님의 폭소

기술적으로 가장 문제가 되는 부분은 100억 개 이상의 신경 세포로 가득 차 있는 뇌입니다. 뇌의 기능, 특히 기억력을 다시 살려내는 일은 나노 로봇이 나와도 불가능할 겁니다. 깨어났다 하더라도 기억이 사라지면 무슨 소용입니까?

설령 냉동인간의 소생이 언젠가 가능하다 해도, 그런 세상이 오면 심각한 윤리 문제가 발생할 것입니다.

깨어난 후 몸을 고치기 위해 인체의 장기를 매매하는 일이 성행할 것이고, 인간의 존엄성이 파괴되고 사회적 혼란이 야기될 것입니다.

호적부에 있는 사망신고 후에 출생신고를 다시 해야 하나요?

나이가 많은 가족이나 주변 사람들과의 사회적 관계는 어찌 됩니까?

허일만 원장님, 부디 이 사업을 하루 속히 접기를 바랍니다.

논현동 H 올림〉

〈H 님, 먼저 저의 소생 보존원에 관심 가져 주셔서 감사합니다.

현재의 의학 수준은 해동 기술은 물론이고 냉동 기술도 충분하지 못한 것이 사실입니다.

그러나 지난 몇십 년간 인류의 의료 기술은 엄청난 발

전을 이루어 왔고, 몇십 년 후에는 지금으로서는 상상할 수 없는 의료 기술들이 생겨날 것입니다.

H 님이 지적하셨듯이 현재 의학 기술이 완벽하지는 않지만, 미래에는 냉동으로 손상된 신체 부위를 소생시키는 기술이 생길 것입니다. 이러한 의학 발달은 필연적이며, 따라서 냉동된 사람들을 해동해 치료하는 것이 가능해지는 시대가 분명 올 것입니다.

인체 냉동 보존 기술을 이용하면 불치병 선고로 절망한 환자들에게 희망을 줄 수 있습니다. 인체 냉동 보존 기술이 환자들에게 헛된 희망을 주는 일이라고 하셨지만, 죽음을 앞둔 사람에게 희망을 심어 줄 수 있다면 얼마나 좋은 일입니까.

눈을 감으면서 '언젠가 내 병을 치료하면 나는 살아날 거'라고 생각한다면, 그것이 바로 천국으로 가는 길 아니겠어요?

사실 종교도 천당 간다는 희망으로 믿는 사람이 대부분인데 '냉동 보존 기술'은 종교보다 훨씬 구체적이죠. 종교의 유무를 떠나 죽음이라는 영원한 이별을 기다림으로 바꾸고 싶은 분들의 소망을 위해 저희는 최선을 다하고 있습니다.

많은 이해와 성원을 기대합니다.

강남 소생 보존원, 허일만 드림〉

예수님의 폭소

이제 그만 뉴스를 볼까 하다가 질문 하나가 더 눈에 들어왔다.

> 〈허일만 원장님, 저는 영국 케임브리지대에서 분자 생물학을 전공하고 지금은 런던대에서 학생들을 가르치고 있는 K 교수입니다. 혹시 제가 외람된 글을 쓰는 것이라면 양해 바랍니다.
>
> '냉동 보존술'의 발달로 배아줄기세포를 통한 장기 이식이 보편화되면 의학 발전에 큰 공헌이 되겠지요. 또 27년 전 냉동됐던 배아가 자궁에 성공적으로 착상되어 2020년 12월 미국에서 건강한 여아로 태어났습니다. 냉동 보존술의 쾌거입니다.
>
> 하지만 저는 냉동인간을 다시 살릴 수 있다는 의학적 기술에 대해서는 부정적입니다. 특히 뇌만 냉동하여 나중에 로봇에 붙인다거나 다른 몸에 붙이는 일은 의학 상식에도 맞지 않습니다. 왜냐하면 뇌는 뇌로만 존재하며 기능하지 않기 때문입니다.
>
> 뇌와 척수는 공동 작업을 하며 뇌에서 전신으로 뻗어 나가는 신경 조직도 마찬가지입니다.
>
> 뇌 신경은 항상 자신의 외부 세계와 피드백을 주고받습니다.
>
> 예컨대 다리가 절단된 환자들은 절단 초기에 팬텀 센세이션이라는, 존재하지 않는 다리의 감각을 느끼게

됩니다. 뇌에서 다리의 감각을 느끼는 부분은 그대로 인데 다리만 없어졌기 때문이지요. 시간이 지날수록 뇌는 다리가 없어졌다는 것을 인지하고, 다리 부분을 담당하는 뇌를 다른 부분의 역할로 바꾸는데 이것을 뇌의 가소성이라고 합니다.

그렇다면 뇌에 로봇의 몸을 달아도 뇌가 적응할까요? 그렇게 간단치가 않습니다.

예를 들면 심장은 흥분하면 빨라지고 안정되면 느려집니다. 뇌는 시상하부를 통해 교감신경과 부교감신경으로 심장을 조정합니다.

뇌는 심장뿐 아니라 모든 내장 기관과 자율신경계로 연결되어 있는데 이런 내장이 통째로 없어지면 뇌는 어떻게 될까요?

신경뿐만 아니라 혈관도 중요합니다.

뇌하수체에서 나오는 호르몬은 혈관을 통해서 장기에 영향을 미치고 이런 장기의 변화는 다시 시상하부로 피드백됩니다.

이런 모든 과정이 인간의 감정과 행동에 영향을 미치는데 눈, 코, 입, 귀가 없어지면 어떻게 될까요?

이런 피드백을 통해서 인간은 통합된 자아라는 개념을 유지하는데 이런 피드백이 깨지면 자아라는 개념은 붕괴합니다.

현대 과학은 무섭게 발전하여 선충 같은 단순한 생물

예수님의 폭소

의 신경 지도인 커넥톰을 컴퓨터에 업로드할 수 있게 되었습니다.

설령 선충보다 엄청 복잡한 인간 뇌의 커넥톰을 미래에 밝혀낸다 해도, 연결된 부분이 없으면 뇌는 제대로 작동할 수 없습니다. 뇌의 각 부분이 원래 담당하고 있던 신체가 없어졌기 때문이지요.

비유를 들자면 스마트 폰의 안드로이드 시스템을 예전 피처폰에 이식하는 것과 같죠.

따라서 뇌만 나중에 해동시켜 몸과 연결한다거나 뇌를 컴퓨터에 업로드하여 나중에 로봇에 연결하는 것은 모두 의학의 기본상식에 어긋나는 만화나 공상과학 소설입니다.

인간은 스스로를 생각할 때, 육체라는 상자 안에 정신이나 영혼이 들어 있다고 생각하는 것이 자연스럽기에 그러한 개념이 지금까지 지속된 것입니다.

하지만 육체와 정신을 분리하는 것은 불가능합니다. 뇌와 몸의 신경계는 육체와 떨어져서 따로따로 작동하는 것이 아니기 때문입니다. 몸이 뇌이고 뇌가 몸입니다.

여기까지만 하겠습니다. 긴 글 읽어 주셔서 감사합니다.〉

〈안녕하세요. K 교수님, 저의 강남 소생 보존원에 관심을 가져 주셔서 감사합니다.

지금까지 밝혀진 과학과 의학 상식으로는 K 교수님의 말씀이 맞습니다. 현재로서는 인간의 뇌를 컴퓨터에 업로드하거나 냉동시켜서 로봇의 몸에 연결하는 기술이 공상과학 소설에 가깝습니다. 제가 거기에 토를 달 수는 없지만, 천재 사업가인 일론 머스크가 사람의 뇌를 컴퓨터에 업로드하는 기술을 개발하는 회사를 차린 것 또한 사실입니다.

세계적 재벌이 우리와 다른 점은 그들이 가진 돈도 돈이지만, 정보 획득 능력이 아주 뛰어나다는 점입니다. MS의 빌 게이츠, 아마존의 제프 베이조스도 노화 예방과 생명 연장 연구를 하는 연구소나 회사를 차린 지 오래입니다.

사후 냉동 보존을 신청한 유명학자들도 있습니다. 발명가이자 미래학자인 레이 커즈와일, 스웨덴의 철학자이자 인공지능 학자 닉 보스트롬도 신청했지요. 특히 닉 보스트롬은 나이가 50밖에 안 됐습니다.

물론 그들이 시작했다고 해서 반드시 사업에 성공한다는 보장도, 사후 냉동 신청자가 곧 해동된다는 보장도 없습니다.

하지만 그들의 시신이 화장되거나 매장된다면 사후에 소생할 가능성은 0%입니다.

우리는 예수님이 부활 이후 재림한다는 약속에 대해 알고 있습니다. 초기 기독교에서는 세상의 종말이 임

예수님의 폭소

박했다고 믿었습니다.

예수님도 바울 사도도 그렇게 주장했지요. 2천 년이 지났지만, 여전히 예수님의 재림을 기다리는 사람들이 있습니다. 큰 종교단체에서 종말이 몇 월 며칠이라고 발표하는 해프닝과 이로 인한 부작용이 역사적으로 여러 번 있었습니다.

20년 전만 해도 한국에서는 화장에 대해 거부감이 컸습니다. 기독교인이 지금보다 훨씬 더 많았던 시절, 재림에 대한 기대가 은연중 영향을 끼친 듯합니다. 20년 후에 해동 기술이 발달하면 사람들의 장례 의식 중 하나로 냉동 보존이 대세가 될지도 모릅니다.

생물학자가 종교 이야기를 꺼내서 죄송하지만, 인간의 죽음에 대한 공포와 영생에 대한 소망이 과거에는 종교라는 틀에 국한되었는데, 과학이 발달하면서 그 무대가 바뀌고 있는 것은 사실입니다.

중국 소설가 두홍이 2015 췌장암으로 사망하면서 뇌만 냉동 보존할 때 나이가 61세였지요. 그녀의 딸은 이 계획에 큰 기대를 걸지는 않았지만, 일말의 희망도 있다고 말했습니다.

여하튼 냉동 과정에서 뇌만 보존하는 것이 몸 전체 보존보다 수월한 것은 사실입니다. 역시 가장 큰 걸림돌은 신경 세포 간에 연결 관계를 지도로 만들어야 하는 것이지요.

커넥트롬이라는 이 신경 연결 지도는 나노미터 수준
이 되어야 해동에 도전할 수 있을 것입니다. 한 국가
가 하기에는 너무 큰 프로젝트라 언젠가는 전 세계가
힘을 합쳐서 도전할 날이 올 것입니다. 저는 여기에
큰 기대를 걸고 있습니다.
다시 한번 좋은 글을 보내 주신 K 교수님께 감사드립
니다.
강남 소생 보존원 허일만 드림〉

레드 와인이 초저녁에 마신 맥주와 섞여서 취기를 더
했다.

허 원장은 일찍 잠자리에 들었다. 침대에 몸을 누이며 내
일 아침 깨어나서 또 하루를 충실히 살 수 있기를 바랐다.
침대는 냉동 보존 탱크가 아니니까 얼마든지 가능하다.

허 원장의 입가에 미소가 번졌다. 저녁을 먹으며 최
박사에게 들은 주자의 말이 떠올랐다.

'죽음이 없으면 인생이 가치가 없고 삶이 없으면 인생
이 의미가 없다.'

강남 소생 보존원 허 원장 끝.

예수님의 폭소

골리앗은 누가 죽였나?

골리앗은 누가 죽였나?

* 이 글은 신방주가 어린 시절, 아버지와 기독교에 대하여 나눈 대화입니다.

"아버지, 지옥이 있으면 어쩌려고 하나님을 안 믿으세요?"
방주의 목소리가 심각했다.
"네가 말하는 하나님은 구약의 야훼 신이니?"
"네."
"창세기에는 야훼 신 말고 엘로힘 신도 나온다. 원래 야훼 신이 부족 신일 때 엘로힘 신이 가장 높은 신이었지. 나중에는 '야훼 엘로힘'이라는 두 이름을 합친 신도 나오는데, 한글 성경에는 '주 하나님'으로 번역되었다."
"창세기에 그런 신이 나온다고요?"
방주가 얼른 핸드폰을 뒷주머니에서 꺼내어 엘로힘을

예수님의 폭소

찾아보았다.

"엘로힘도 하나님으로 나와 있네요. 여하튼 저는 아버지가 지옥에 가시면 어쩌나 너무 걱정돼요."

"너 혹시 오리게네스[1]라는 사람에 대해 들어봤니?"

잠시 침묵이 흐른 후 아버지가 물었다.

"아니요."

"영어로는 오리겐이라고 한다. 오리게네스는 초기 기독교 영성에 지대한 영향을 준 교부였고, 구약에 주석을 많이 달았던 분이다. 그는 성경을 알레고리적으로 해석했다. 알레고리란 말은 은유법과 유사한 말인데, 은유법이 하나의 단어나 문장 같은 작은 단위에서 이루어진다면, 알레고리는 이야기 전체가 은유법으로 되어 있다는 차이점이 있다. 즉 성경 전체를 은유적으로 많이 해석했지. 특히 구약의 아가서를 신부에 비유한 그의 주석은 지금까지도 신학자들의 귀감이 되고 있다. 아가서에 나오는 에로틱한 단어나 내용을 문자 그대로 해석할 방법이 없고, 해석해서도 안 되기 때문이지."

방주가 핸드폰으로 오리게네스를 검색했다.

"흠, 이 사람은 나중에 이단으로 정죄된 적이 있군요."

"방주야, 이단이라는 게 뭐니?"

"글쎄요. 기독교 교리에 어긋나는 게 이단 아닌가요?"

방주가 잠시 생각한 후 대답했다.

"기독교의 중요한 교리가 무엇일까? 네가 걱정하는 하나님 안 믿으면 지옥 가는 거니?"

"네, 사람들이 그래서 교회 가는 거 아닌가요? 그리고 삼위일체도 중요한 교리겠지요."

"그래. 삼위일체는 기독교 주요 교리 중 하나이지. 너 '니케아 회의'[2]라고 들어 봤니?"

"들어 본 것 같은데 잘은 모르겠어요."

아버지가 목을 한 번 가다듬고 계속 말했다.

"삼위일체 교리를 처음 토의한 것은 AD 325년 '니케아 회의'에서였고, 이후 신학자들이 토의하여 확정 추인된 것은 AD 451년 '칼케톤 회의'에서였다. 오리게네스가 언제 적 사람인지 봤니?"

방주가 핸드폰 화면을 유심히 들여다봤다.

"아, 이 사람은 서기 185년에서 254년경까지 살았으니까 니케아 회의 이전 사람이네요."

"그렇지. 기독교의 주요 교리는 니케아 회의를 시작으

로 이후 몇 번의 회의에서 여러 주교들의 토론을 거쳐 확정되었다. 오리게네스는 그전 사람이니까 그를 이단이라고 단죄하는 것은 앞뒤가 맞지 않지. 특히 니케아 회의를 통해 내린 결론, 즉 '예수님과 하나님은 동일 본체'라는 교리는 당시 황제였던 콘스탄티누스가 정치적으로 필요해서 강압적으로 결정한 거였어. 하나님이 결정한 게 아니라 황제의 강요로 당시 주교들이 투표하여 결정한 것이지."

"하지만 역사도 하나님이 주관하시는 거 아닌가요? 하나님이 당시 전투에서 승리한 로마 황제의 마음을 움직여서 그런 교리를 만들게 하셨으니까요."

아버지가 고개를 끄덕이더니 입을 열었다.

"그래, 주일학교에서 그렇게 배웠을 거다. 하지만 삼위일체를 발표한 칼케돈 회의 이후, 불과 25년 만에 게르만 용병대장 오도아케르가 서로마를 멸망시킨 것도 하나님의 뜻일까? 네가 생각하는 하나님의 뜻이 승리한 편에 있다면, 지금 세계적으로 무슬림이 개신교도보다 몇 배가 더 많으니까 무슬림의 하나님이 진짜 하나님일까?"

며칠 후 방주가 다시 아버지와 저녁을 먹은 후 말했다.

"아버지, 성경은 하나님의 말씀이라 일점일획도 틀림이 없다고 배웠는데 정말 그런가요?"

아버지가 커피잔을 내려놓으며 말했다.

"방주야, 골리앗을 죽인 사람이 누군지 아니?"

"하하, 제가 그 정도는 압니다. 다윗이잖아요."

"그래, 대부분 '다윗'이라고 알고 있지만, 성경에 의하면 사실이 아닐 가능성이 크다."

눈이 동그래진 방주에게 아버지의 설명이 이어졌다.

"다윗과 골리앗의 이야기는 성경 세 곳에서 나온다. 사무엘상, 사무엘하, 역대상이지.[3] 이 중 사무엘상에만 다윗이 골리앗을 죽였다고 쓰여 있다. 사무엘하에는 엘하난이 골리앗을 죽였다 하고, 역대상에는 엘하난이 골리앗의 동생을 죽였다고 쓰여 있지. 따라서 누가 골리앗을 죽였는지에 대한 성경 기록이 서로 다르다.

신학자들은 당시 사람들이 다윗 왕의 위상을 높이기 위해 다윗의 부하 장수 엘하난의 공로를 다윗의 공로로 바꾼 것으로 보고 있다. 놀라운 일은 한글 성경(개역개정)은 사무엘상과 역대상 기록이 서로 다른 것을 무마하기 위해, 사무엘하 21장 19절에서 원래 히브리어 본문에는 없는 '~의 아우 라흐미'라는 표현을 첨가했지. 즉 '엘하난이 골리앗을 죽였다.'는 문장을 '엘하난이 골리앗의 아우 라흐미를 죽였다.'고 바꿔 버린 거야."

"아니 어떻게 그럴 수가 있어요? 성경을 마음대로 고치다니요!"

아버지가 개역개정 성경과 NIV를 비교하여 보여 줬다.

사무엘하 21장 19절(개역개정)
"또다시 블레셋 사람과 곱에서 전쟁할 때에 베들레헴 사람 야레오르김의 아들 엘하난은 가드 골리앗의 아우 라흐미를 죽였는데 그자의 창 자루는 베틀 채 같았더라."

사무엘하 21장 19절(NIV - New International Version)
"In another battle with the Philistines at Gob, Elhanan son of Jaare-Oregim the Bethlehemite killed Goliath the Gittite, who had a spear with a shaft like a weaver's rod."

두 글을 비교하고 아무 말이 없는 방주에게 아버지가

말했다.

"성경은 원본이 없다. 수많은 사람이 손으로 베낀 4천 7백여 개의 필사본만 천년 넘게 전해져 내려왔을 뿐이다. 그 과정에서 실수도 했고, 첨삭하는 부분도 생겼지. 복음서 중 가장 먼저 쓰인 마가복음은 몇 장 몇 절까지 있니?"

방주가 얼른 검색해 봤다.

"16장 20절까지 있네요."

"원래 마가복음은 16장 8절에서 끝났는데, 후대에 9절부터 20절까지 첨부됐다."

처음 듣는 말에 방주가 눈을 껌뻑거렸다.

"후대에 첨부된 글 때문에 문제도 생겼지. 특히 마가복음 16장 17절과 18절에서 '믿는 자들의 표적'에 대한 말씀이 그랬지. '17절 믿는 자들에게는 이런 표적이 따르리니 곧 그들이 내 이름으로 귀신을 쫓아내며, 새 방언을 말하며, 18절 뱀을 집어 올리며 무슨 독을 마실지라도 해를 받지 아니하며, 병든 사람에게 손을 얹은즉 나으리라 하시더라.'

이 부분을 백여 년 전 미국 테네시주에 살던 조지 헨

슬리라는 사람이 읽었다. 오순절파 교인이던 그는 성경을 문자 그대로 해석하여, 믿는 자들의 징표로 뱀을 들어 올리는데 꽂혔지. 헨슬리는 문맹이었으나 1915년 테네시주에서 목사 자격증을 획득한 후, 성령의 임재를 강조하고 성경 말씀을 문자 그대로 믿어야 한다고 설교하기 시작했다. 40년 가까운 목회 기간 중 그가 뱀에 물린 횟수는 400번 이상이었다. 1955년 플로리다 목회 중 뱀에 물린 헨슬리는 증상이 심각했으나 어떤 약도 쓰는 것을 거부했고 다음 날 세상을 떠났지. 결국 뱀에 물려 죽었으나 그를 추종하는 많은 사람은 이에 굴하지 않고 뱀에 물리는 행위를 이어 나갔다."

"어휴, 그런 사람이 있었네요."

"음, 그러니까 성경은 '누가 골리앗을 죽였나.'처럼 내용이 서로 다른 이야기도 있고, 마가복음처럼 후대에 첨부한 부분도 있단다."

방주가 고개를 끄덕인 후 질문했다.

"성경의 내용 중에 서로 다른 부분이 있다는 것은 알았어요. 하지만 성경에 명백히 틀린 부분은 없지요?"

"틀린 부분이 있지. 예를 들면 마태복음에 '이에 선

지자 예레미야를 통하여 하신 말씀이 이루어졌나니(마 27:9)'라고 쓰여 있다. 이 글에서 '말씀'은 유다가 받은 은으로 토기장이의 밭을 사서 나그네의 묘지로 삼았다는 뜻인데, '예레미야'가 한 말이 아니라 '스가랴'의 기록이다(슥 11:12). 신약을 구약의 예언에 맞추려 하다 보니까 잘못 인용한 대목이다.

또 마가복음에는 '그가 아비아달 대제사장 때에(막 2:26)'라는 말이 나오는데 여기서 아비아달도 구약을 잘못 인용한 것이다. 다윗이 하나님의 전에 들어가서 제사장 외에는 먹어서는 안 되는 진설병을 먹은 건 제사장 '아비아달' 때가 아니라 그의 아버지인 '아히멜렉' 때였다(삼상 21:1-6). 문자주의자들은 아직도 뭐라고 궁색한 변명을 하지만, 설득력이 없다."

"어떤 변명을 하나요?"

방주의 눈이 반짝였다.

"그렇게 잘못 쓴 것도 하나님의 뜻이고 그 뜻은 우리가 알 수 없다.'가 대표적이지. 구약에서 족보 자체가 서로 상충하는 때가 있다는 말도 하고… 성경 무오설을 스스로 부인하는 말이기도 하지만."

아버지는 물 한 잔을 마시고 말을 이어 나갔다.

"이렇듯 성경의 오류는 여기저기에서 나타난다. 이런 오류는 우리가 보는 성경이 어떻게 만들어졌는지를 알면 충분히 있을 수 있는 일이다. 성경이 하나님 말씀을 사람들이 그대로 받아 적은 것이라고 믿는다면 아직도 중세의 세계관에 머물러 있는 것이지. '성경 무오설'을 주장하려면 이런 성경의 오류를 억지로 그럴듯하게 꿰맞춰야 한다. 이 과정을 통해 배타적이고 독선적으로 변해 예수님의 정신과 점점 더 멀어지게 된다."

방주가 잠시 생각을 한 후 질문을 했다.

"그래도 성경에 예수님이 신이라고 쓰여 있으니까 그걸 믿는 게 기독교 아닌가요?"

"음, 성경에 예수님이 신격화된 시기도 복음서마다 다르다. 가장 먼저 쓰였던 마가복음에서는 십자가에 못 박히고 부활하면서 신적 존재가 되었다고 하였다. 마태와 누가에서는 세례를 받을 때 신적 권위가 생겼다고 했고, 몇십 년 후에 쓴 요한복음에는 '태초에 말씀이 있을 때부터 그는 하나님이었다.'고 쓰여 있다. 나중에 쓰인 것일수록 예수님을 더 일찍 신격화하다 보니 그 위상이 점점 올라간 거지.

　공관복음에서 예수님은 자신을 세상 끝 심판의 날, 하나님의 왕국을 통치할 왕으로 생각했다. 제자들이 그 옆에서 한자리 차지하려 했다가 야단도 맞았지. 공관복음 어디에도 자신이 신적인 존재이며 하나님이란 말은 없다. 오히려 당신을 선하다고 말하는 제자를 나무라셨지.

　'예수께서 이르시되 네가 어찌하여 나를 선하다 일컫느냐 하나님 한 분 외에는 선한 이가 없느니라(막 10:18).' 그러나 시간이 흐르면서 점점 존경하는 마음이 고양되고, 자신들이 스승인 예수를 배반한 것에 대한 양심의 가책과 참회가 겹치고, 또 후대의 정치적 영향으로 약 300년 후 니케아 공회에서 완전한 하나님으로 승격하게 된다. 십자가에 달려서 하신 말씀도 시간이 지나면서 점점 더 신격화되었지."

　"어떻게 다른가요? 저는 '나의 하나님, 나의 하나님 어찌하여 나를 버리셨나이까.'라는 말은 기억해요."

　"그래. 그 말씀을 기억하는 이유는 아마 처음 들었을 때 큰 충격을 받았기 때문일 것이다. 구약의 예언을 이루기 위해 십자가에 달리는 예수님, 하나님의 아들로서

신이 된 예수님이 하신 말씀이라기에는 좀 이상하지."

방주가 고개를 끄덕였다.

"최초 복음서인 마가복음에 나오는 그 말씀은 당시 사람들에게도 상당한 충격을 주었다. 마가복음을 기본으로 만든 마태복음에도 그 말씀은 그대로 나오지. 그러다가 누가복음부터 변화가 나타나기 시작한다. 아무래도 뭔가 납득이 안 되고 아쉬웠기 때문이지."

아버지가 다시 물 한 모금을 마셨다.

"누가복음에서는 '나의 하나님, 나의 하나님 어찌하여 나를 버리셨나이까.'를 빼 버렸다. 대신 '아버지, 내 영혼을 아버지 손에 부탁하나이다.'라는 말을 넣었다. 가장 나중에 쓴 요한복음에는 좀 더 많은 말씀을 첨부했고, 마지막으로 '다 이루었다.'라는 말로 대미를 장식한다. 이렇듯 마가와 마태복음 처음에 나오는 곤란한 문구는 누가와 요한복음에서는 완전히 없어지고 예수는 점점 신에 가까워진다."

"네, 네 개의 복음서가 그렇게 서로 다르다는 것은 처음 알았어요. 하지만 기독교인이라면 전통적으로 예수님이 하나님이라는 것을 시인해야 하지 않나요?"

"그렇지. 나도 어렸을 때 그렇게 배웠다. 하지만 그런 기독교는 점점 힘을 잃어 가고 있다. 즉 로마 황제의 정치적 목적으로 신이 된 예수님이 아니라, 공관복음의 예수님으로 돌아가야 한다는 것이지. 예수님을 신으로 신앙하는 것이 아니라, 예수님이 신앙했던 하나님을 신앙하는 기독교로 돌아가는 것이 루터 이후 제2의 종교개혁이 될 것이다."

방주는 '교회 목사님이 들으면 이단이라고 할 텐데요.'라는 말을 속으로 삼켰다.

"예수님은 하나님과 같은 신이고 그분을 숭배해야 한다고 배웠겠지만, 역사적 예수님은 누가 어떤 각도로 그분을 보느냐에 따라 천의 얼굴로 나타난다. 어떤 사람은 예수님을 정치와 상관없이 세상을 떠도는 음유시인에 가깝다고 생각했다. 어떤 사람은 그분을 세상의 임박한 종말을 주장하는 종말론자로 보았다. 또 어떤 사람들은 그분을 당시 로마 제국과 싸우는 유대 독립운동가로 보았고, 뛰어난 율법 해석가이자 은유법의 대가라고도 보았다. 한때는 예수님이 가공인물이라는 주장도 눈길을 끌었으나 많은 지지를 받지는 못했다."

예수님의 폭소

아버지가 탁자에 놓여 있는 물을 마시고 다시 입을 열었다.

"몇 가지 종교적으로 중요한 질문을 보여 줄 테니 현재 너의 생각은 어떤지 한번 봐라."

방주가 아버지에게 메모를 받고 안경을 고쳐 썼다.

1. 인류 최초의 인간은?

a. 하나님이 흙으로 빚으시고 생기를 불어넣어 아담을 만드셨고, 이후 그의 갈비뼈로 이브를 만드셨다. 그런 만큼 인류 최초의 인간은 아담이다.

b. 유인원 화석을 DNA 검사한 연구 결과에 의하면 인류는 유인원에서 수백만 년 동안 진화했기 때문에 인류 최초의 인간은 유인원이다.

2. 인류 역사는?

a. 성경에 근거하여 아담 이후의 계보에 따른 연대를 계산하면 인류의 역사는 6천 년이다.

b. 지구의 역사는 46억 년이며 공룡시대 이후 진화한 인류 역사는 수백만 년이다.

3. 우주와 지구의 만들어진 순서

a. 성경에 근거하여 하나님께서 셋째 날 땅, 바다, 식

물… 넷째 날 해, 달, 별 순서로 지구를 만드셨다.

b. 우주 〉 태양계 〉 해 〉 지구 〉 바다 〉 식물 〉 동물의 순서다.

4. 천국과 지옥?

a. 실제로 존재하는 세계이다.

b. 실제로 존재하지 않는다.

5. 사탄 마귀 귀신은 존재하는가?

a. 실제로 존재하고 현재도 활동하고 있다.

b. 실제로 존재하지 않는다.

6. 아담의 원죄?

a. 아담이 선악과를 따먹어서 발생했으며 이런 죄를 물려받은 인간은 원죄를 가지고 태어난다.

b. 아담의 원죄가 있다고 하지만 모든 인간은 죄를 물려받은 적도 없고 태어날 때부터 죄인이 아니다.

7. 예수님 재림?

a. 언젠가는 성경 말씀대로 구름을 타고 오신다.

b. 재림은 없다.

질문들을 자세히 읽어 본 방주는 자기 생각을 당장 말

예수님의 폭소

할 수 없었다. 어디까지 성경대로 믿어야 하고 어디까지 믿지 말아야 할지 경계를 구분하기가 어려웠다.

"이 질문들이 언뜻 쉬운 거 같지만, 생각할수록 어렵네요. 좀 더 시간을 주세요."

다음 날 방주가 다시 아버지와 마주 앉았다.

"어제 내주신 문제는 기독교인은 모두 'a', 아닌 사람은 모두 'b'가 정답이 되어야 합니다. 하지만 저는 3번까지는 과학적으로는 'b'가 정답이라 생각하고 나머지는 'a'라 하고 싶네요."

"그래. 1번에서 7번까지 망설임 없이 바른 사실을 깨닫기까지 세월이 얼마나 걸리느냐가 중요하다. 평생 1번에 머무는 사람도 있고 중간까지 가는 사람도 있지."

잠시 침묵이 흐른 후 방주가 다른 질문을 했다.

"지난번 말씀하신 하나님의 이름이 궁금해요. 창세기에는 엘로힘으로도 나오고 야훼로도 나오는데, 왜 그런가요?"

"그 질문에 대한 답을 알기 전에 창세기를 포함한 모세 5경에 대한 이해가 필요하다."

아버지가 계속 말을 이어 나갔다.

"모세 5경은 이름 그대로 모세가 썼다고 하는데 모세가 쓴 글들이라고 하기엔 이상한 부분이 많아. 신명기 34장 7절에 '모세가 죽을 때 나이 백이십 세였으나 그의 눈이 흐리지 아니하였고 기력이 쇠하지 아니하였더라.'라는 대목이 있다."

"모세가 쓴 글에 어떻게 그런 말이 나올 수 있나요?"

방주의 질문이었다.

"어떤 사람들은 모세가 죽은 후 누가 대신 쓸 수도 있다고 한다. 하지만 삼국사기에 김부식이 몇 살에 죽고 그때까지 눈이 밝았다는 글이 있다면, 아무도 삼국사기를 김부식이 썼다고 하지는 않겠지. 모세 5경은 4명의 저자가 쓴 글을 편집한 문헌인데 엘로힘 집단(E), 야훼 집단(J), 신명기 집단(D), 제사장 집단(P)으로 나뉜다.

E는 하느님을 엘로힘(Elohim)이라고 불렀던 저자들이고, 창세기 1장에 있는 천지창조 이야기를 최초로 쓴 사람들이다. 엘로힘은 엘의 복수형이라서 창세기 1장을 '신들이 하늘과 땅을 창조했다.'라고 번역해야 한다는 주장도 있지. 이 글들이 쓰인 시기는 기원전 800년에서 900년

경으로 유일신 사상이 거의 정착되었을 때라고 한다.

"J는 하느님을 야훼(Jahwe)로 부른 저자들이고 에덴동산 이야기를 만든 사람들이지. D는 신명기(Deuteronomy)의 저자들인데 모세를 3인칭으로 서술하고, 모세 사후에 등장하는 용어라든지 무덤 위치를 설명한 글들이 이들의 흔적이다. P는 Priest(성직자)의 약자인데 레위기와 민수기는 대부분 이들의 작품이지. 바빌로니아 유수가 끝난 기원전 6세기 말에 예루살렘 주변에 살았던 제사장과 율법 학자들이 쓴 것이다."

"아, 창세기가 그렇게 서로 다른 문헌을 편집한 건지는 몰랐어요."

"사실 '모세 5경의 저자는 누구인가?' 같은 근본적인 의문은 하나님의 이름이 달라서 시작되었지. 창세기 1장은 엘로힘, 2장은 야훼라는 이름으로 나오니까. 이름뿐만 아니라 용어도 다르게 사용하고, 천지창조의 순서나 내용도 다르다. 심지어 창세기 1장에서는 하나님이 남자와 여자를 동시에 만들지만 2장에서는 아담의 갈비뼈로 이브를 나중에 만들지. 우리는 대부분 2장만 알고 있다."

"어, 그런가요?"

"그래서 아담의 첫 아내 이름이 '릴리트'라는 설화가 있는데, 여성해방운동의 효시라는 둥 여러 이야기가 전해 온다. 여하튼 창세기는 각각 다른 지역에서 다른 신을 믿는 집단, 곧 야훼 집단(J 문서)과 엘로힘 집단(E 문서)이 오랜 세월이 지나 결합했다는 것이 정설이다.

여기에 신명기 집단과 바벨론 유수 이후의 제사장 집단이 나중에 가세했다. 사실 성경 내용이 서로 다르거나 중복되는 등 의문점을 남기는 여러 가지 사례는 성경을 필사하면서 일어난 단순한 실수라고 볼 수도 있지. 그러나 창세기에 서로 다른 창조가 두 번 등장하는 일은 단순한 실수로 보기 어렵다. 학자들 대부분은 하나로 합쳐질 수 없는 두 종교집단이 오랜 시간 주장한 내용이 각각 반영된 것으로 보고 있다.

이렇게 구약 안에 두 신이 존재하였으나, 나중에는 유일신이라는 개념이 나타나므로 내용상 모순이 발생하지."

"네, 유일신 신앙을 부정할 수는 없고, 처음에는 야훼 신도 여러 신중의 하나였다는 기록이 있으니 문제군요."

방주가 아버지의 말을 금방 이해했다.

"그렇지. 모세 5경은 문서들을 단순히 기계적으로 편

집한 것이 아니다. 서로 다른 집단의 신관, 세계관, 역사 의식이 만나서 서로 싸우고 갈등하고 융합하기까지 장구한 세월이 걸린 것이지.

전통적인 연대 측정으로는 J 문서가 기원전 900년경, E 문서는 기원전 800년경 쓰인 것으로 생각한다. 재미 있는 것은 창세기에서 야훼(J), 엘로힘(E)이라는 단어를 어느 문장에서 어떻게 사용했는지를 보면 야훼 신과 엘로힘 신의 성격이 드러난다. 너무 신학적인 이야기지만, 여기까지 왔으니 한번 들어 봐라.

엘로힘은 창세기 1, 5, 9, 17, 19장 등에서 나오고 야훼 는 4, 18, 19, 24, 26장 등에서 나오지. 또한 신의 이름을 야훼와 엘로힘을 같이 써서 '야훼 엘로힘(JE)'으로도 사 용했다. JE는 창세기 2, 3, 28장 등에서 나온다."

"'야훼 엘로힘'이라는 두 신을 합한 이름은 어떻게 생 겼을까요?"

방주의 눈이 반짝였다.

"음, 야훼 신을 믿는 집단에서 자신들의 신을 가나안 최고신인 '엘'과 같이 엮어서 야훼 신의 신분 상승을 노린 것으로 해석한다. 당시 이스라엘 사람들은 야훼 신을 엘

신(최고신으로서 천지의 창조자, 신들의 아버지), 아세라 신(엘의 부인, 신들의 어머니), 바알 신(엘의 아들로서 풍요의 신) 등과 함께 숭배했다.

그러다 기원전 9세기 이후 야훼 신을 높이고 엘 신과 분리를 추진했으며, 기원전 6세기 이후 두 신의 이름을 합치기 시작했다. 그런데도 바빌론 포로 시절 이스라엘 역사를 다시 되돌아보는 과정에서 오경을 재구성한 P 기자는 창세기 2, 3장에 나오는 JE의 결합을 거부하고 1장에서 E만 쓴 것이다. 어떤 이유에서였을까?"

아버지가 방주와 시선을 맞추고 계속 말했다.

"우선 P 기자는 엘로힘을 야훼와 구별하려고 했던 것 같다. 왜냐하면 야훼와 엘로힘은 신의 성격이 너무 다르기 때문이다."

"네. 이제는 정말 신학에 깊이 들어가는 것 같네요."

방주가 고개를 끄덕이며 말했다.

"모세 5경에서 야훼는 인간과 대화를 나누고, 인간에게 명령하거나(모세에게 애굽으로 가라는 명령. 출 4:19) 징벌을 내린다. 카인과 아브라함이 하나님과 대화할 때 주 대상은 야훼다.

반면에 엘로힘은 신 중의 신으로 당당한 위치를 유지했다. 우주와 인간, 자연을 창조하고(창 1:5), 노아 홍수 이후에 새 창조(창 9장)를 통해 생육하고 번성하는 생명의 근본을 이룬 분이며(창 1:28, 9:7; 출 1:20), 조상들(아브라함, 이삭, 야곱)이 믿은 하나님의 이름으로 엘이 등장한다.

재미있는 것은 떨기나무의 불꽃 가운데서 모세에게 나타난 분은 야훼지만(출 3:2), 모세가 하나님의 이름을 물었을 때 '나는 스스로 있는 자다(출 3:14).'라고 말하는 분은 엘로힘으로서 엘은 근원적이며 존재론적인 모습을 보인다."

"아, 그렇게 바로 신의 이름이 바뀌는군요. 재미있습니다."

"또 예수님이 십자가에서 부르짖은 하나님도 '엘'이다. 마가복음의 '엘로이, 엘로이, 레마 사박타니'의 엘로이는 아람어다.[4] 한 걸음 더 나아가 P 기자가 엘로힘을 고집한 것은 야훼가 인간 사회 곳곳에 파고들어 왔지만, 동시에 다른 종교에 대한 배타적인 자세가 너무 강해서 창세기 1장에서 야훼를 끌어들이지 못한 것으로 보인다.

또한 P 기자는 이스라엘이 어려운 상황에서 더욱더 근원적이고 큰 틀을 제시하는 엘로힘의 모습을 야훼와 구별시켜 부각함으로써, 주변 국가들에 종교를 뛰어넘는 포용성을 보여 주려 했던 것이 아닐까도 생각해 본다."

"네, 당시에 그런 깊은 뜻이 있었다면 P 기자가 참 대단하네요. 성경을 제대로 공부해야 하는 이유를 알겠습니다."

"그렇지. 신학적인 이야기를 많이 했으니 이번에는 산타클로스 이야기를 좀 해보자. 너는 산타 할아버지가 사실은 없다는 것을 언제 알았니?"

아빠가 녹차를 한 모금 마시고 물었다.

"아마 초등학교 3~4학년 때 같아요. 어렴풋이 자다가 아빠가 내 양말에 선물 넣으시는 걸 봤지요. 큰 충격이었지만 침착하게 계속 자는 척했어요. 하하."

"그랬구나. 하하. 산타클로스는 사실 역사적 실존 인물이다. 4세기에 지금의 튀르키예에 살았던 성 니콜라오 (Saint Nicholas) 주교인데 어린이를 사랑하고 선행을 베풀었던 분이지. 산타클로스 전설은 12세기 프랑스 수녀들이 성 니콜라오 축일 전날인 12월 5일에 가난한 아이들에게 선물을 주기 시작하면서 태동하였다.

지금 우리가 볼 수 있는 산타클로스 이미지는 1931년 코카콜라 회사에서, 겨울에 콜라 판매가 저조하여 산타에 빨간 옷을 입히고 광고하면서 시작되었지. 흰 눈이 쌓인 북극에 살다가 성탄절이 되면 순록이 이끄는 썰매를 타고 착한 어린이들에게 선물을 나누어주는 산타클로스 이야기가 만들어진 것이다.

안개 낀 날에는 코에 빨간 불이 들어오는 루돌프라는 순록이 썰매를 끄는데 하룻밤에 전 세계를 돌 수도 있다. 산타 종주국이라는 핀란드에는 산타 마을도 있고 여기에는 한국인 산타 도우미도 있어서, 한국어로 아이들에게 답장을 보내 주기도 했지. 붉은 모자와 옷을 입고 장화를 신고, 큰 선물 자루를 매고 굴뚝으로 들어와 양말 주머니에 선물을 넣어주는 산타클로스 이야기는 어린이에게 꿈과 낭만을 심어 주기에 충분했다.

하지만 언젠가는 어린이들도 산타클로스가 신화적 인물이라는 것을 알게 되지. 사실 산타는 순록을 타고 하늘을 나는 할아버지가 아니라, 가난한 이웃을 돌보며 사랑을 나누었던 가톨릭 성자였어. 이제는 산타가 아니라 예수님 이야기를 해 보자."

"네, 그 말씀을 하실 줄 알았어요."

방주가 기다렸다는 듯이 말했다.

"오늘날 현대인들은 산타클로스 신화는 안 믿지만, 예수 신화는 믿는 사람들이 많다. 예수님이 동정녀에게서 태어났고, 태초부터 하나님이고, 죽었다가 다시 살아났다는 등 예수님의 신화가 사실이라고 믿는 것이다. 어린이가 산타를 믿는 동화 속에 살면 행복한 것처럼, 예수 신화 속에 사는 사람도 행복할지 모른다. 그 믿음 속에 살아가는 사람들에게는 여전히 아름다운 꿈과 낭만이 있으니까.

그러나 현대인들, 특히 어른들의 세계에서는 그 믿음이 개인의 꿈과 행복으로 그치지 않는다는 문제가 있다. 신념을 공유하는 사람들이 조직을 만들고, 조직을 통해 생계를 꾸리는 사람들이 많아지면 주위 사람에게도 신화를 믿으라고 강요한다. 그렇게 되면 신화 자체가 갖는 아름다움과 교훈은 사라진 채, 이성과 판단력을 잃고 산타가 진짜라고 믿는 어린이와 같게 된다."

"네, 산타의 이야기가 전설인 것처럼 예수님 이야기도

문자 그대로 사실은 아니라는 말씀이지요. 하지만 교회에서는 성경을 신화로 생각하면 믿음이 없다고 하지요."

"교회에서는 그렇지. 이제 다시 신학적 이야기를 좀 해 볼까?"

방주는 별로 재미없을 것 같았지만, 고개를 끄덕였다.

"성경, 특히 복음서가 '신화'를 바탕으로 한다고 주장한 사람은 독일의 '루돌프 불트만'이라는 유명 신학자였다. 말하자면 신화는 마치 호두와 같아서 그냥 그대로 먹을 수는 없고, 껍데기를 깨야만 속살을 먹고 영양분을 얻을 수 있다. 이처럼 신화는 일단 깨져야 한다는 주장이지.

그는 깨져서 속살을 드러낸 신화를 '깨어진 신화'라고 불렀다. 이처럼 속살을 드러내는 것을 불트만은 '비신화화(demythologization)'라고 했는데, 'de'가 마치 신화를 송두리째 없앤다는 뜻으로 오해될 수 있어서 '폴 틸리히'라는 유명 신학자는 그것을 '탈문자화(deliteralization)'라고 하는 것이 좋겠다고 했지.

폴 틸리히의 《조직신학》을 보면 '상징(symbol)'이라는 말이 제일 많이 나온다. '십자가의 상징', '천당의 상징',

'지옥의 상징' 등 이런 말이 정말로 무슨 뜻인지 그 속살, 속내를 알아야 한다는 것이지.

《신앙의 역동성》이라는 그의 책 첫 줄에 '인간의 궁극 관심은 상징적으로 표현되어야만 한다. 상징적인 언어만이 궁극적인 것을 표현할 수 있기 때문이다.'라는 유명한 말이 나오는데, 여기서 '궁극 관심'을 바로 종교라 할 수 있다.

문자주의에 대해 강력히 경고하는 또 다른 신학자 '존 쉘비 스퐁' 주교는 《성경 문자주의》라는 책에서 기독교인들은 2천 년 가까이 성경을 문자적으로 읽느라 문제가 많았다고 했다. 예컨대 유대인을 위해 쓰인 마태복음은 유대인이면 다 알아들을 수 있는 미드라쉬적 기법[5]으로 기술한 이야기인데, 초대 교회에서 점차 유대인들이 사라지고 이방인들이 주류가 되면서 이런 이야기들을 문자적으로 해석했다는 것이다."

"문자주의라는 것이 정확히 무슨 뜻인가요?"

방주가 질문했다.

"성경의 종교적 메시지를 놓치고 엉뚱하게 문자적 뜻에만 매달리는 것이지. 우리가 무슨 말을 하다가 '서당

개 3년이면 풍월을 읊는다.'라고 말하면 우리는 그 뜻을 금방 알지만, 한국말을 잘 모르는 사람이 서당 개가 정말 풍월을 읊는다고 생각하면 바로 그것이 문자주의 해석이다. 그러면서 풍월이 어떤 풍월이냐, 고려 시대 시조냐, 조선 시대 시조냐, 한문으로 읊느냐, 한글로 읊느냐 등을 따지는 것이지.

'예수님이 탄생할 때 두 살 이하 아기들을 헤롯이 모두 죽였다.'라는 말도 유대인들이라면 예수님이 모세처럼 위대한 인물이라는 뜻이라고 금방 이해한다. 모세 이야기를 모르는 이방인들은 이것을 문자로만 이해해서 정말로 아기들을 죽였다고 믿었는데, 이런 문자주의가 오늘까지 내려오고 있는 것이지."

"네, 하지만 교회에서는 그런 신학자들도 다 지옥 갔다고 할 거예요. 하하"

"그렇지. 심지어 신전통주의 신학을 일으킨 '칼 바르트'도 지옥에 갔고, 20세기의 성자라는 슈바이처 박사도 지옥에 갔다고 하지. 얼마 전에는 유명 부흥사 '빌리 그래함' 목사가 거기에 이름을 올렸다. 하하."

아버지가 녹차를 한 모금 마시는 사이 방주는 궁금한

것이 생각났다.

"어릴 때 교회에서 성경 공부를 하다가 욥기에 참 신기한 대목이 있던 기억이 나요."

방주가 말을 다 끝내기도 전에 아버지가 웃으며 말했다.

"욥기 26장에 있는 '그는 북쪽을 허공에 펴시며 땅을 아무것도 없는 곳에 매다시며 물을 빽빽한 구름에 싸시나 그 밑의 구름이 찢어지지 아니하느니라.' 부분일 거다."(욥 26:7-8)

"네, 금방 아시네요. 하하."

"창조 과학자들이 혹세무민하기 위해 욥기의 이 부분을 가장 많이 쓰지. 잘 모르는 사람들은 '욥기가 삼천 년 전에 쓰인 글이라는데, 지구가 공중에 떠 있다는 것을 어찌 알았을까?'라며 놀란다.

사실 성경의 일부는 '수메르 신화'와 상당히 비슷하다. 에덴동산, 노아의 홍수는 물론 욥기도 모두 수메르 신화에 있는 내용을 각색한 것이다. 오천 년 전 수메르인들은 지구가 태양을 도는 것을 알았고, 태양계의 행성까지 점토판(원통인장)에 그려 넣었다.

사람들이 욥기를 잘 읽지 않고 '땅을 허공에 매다시며'

라는 문장만 듣고 놀라는데, 전후의 문맥을 살펴보면 욥기야말로 고대의 우주관, 즉 3층 우주관으로써 하늘과 땅과 지옥을 그대로 설명했다는 것을 알 수 있다. 욥기 26장 5절에서 13절을 읽어 보자."

아버지가 공동으로 번역한 성경을 찾아서 읽기 시작했다.

"저 땅 밑에서 그림자처럼 흐느적이는 자들, 바다와 그 속에 갇혀 있는 자들이 어찌 떨지 않으랴! 그의 앞에서는 저승도 벌거숭이, 죽음의 나라도 그대로 드러나네. 북녘에 있는 당신의 거처를 공허 위에 세우시고 땅덩어리를 허공에 달아놓으신 이, 뭉게구름으로 물을 싸 두셨는데 그 물의 무게에 구름이 터지는 일도 없네. 구름을 밑에 깔아 당신의 보좌를 가리우시고 물의 표면에 둥근 금을 그으시어 빛이 끝나고 어둠이 시작되는 곳을 표시하셨네. 하느님께서 꾸짖으시면 하늘을 받친 기둥들이 놀라 흔들거리니 그의 힘은 바다를 잠잠케 하셨고 그의 슬기는 라합을 쳐부쉈네. 그의 콧김으로 하늘은 개고 레비아단은 도망치다가 그의 손에 찔려 죽었네."

아버지의 성경 읽기가 끝나자 방주가 질문했다.

"거기서 왜 기생 라합이 나오지요?"

"하하. 여기서 라합은 여호수아에 나오는 그 기생이 아니고 악의 세력, 문맥상으로 바다 괴물 레비아단을 가리킨다."

"아, 그렇군요. 여하튼 이렇게 전체를 생각하며 들은 것은 처음이에요."

"고대의 세계관에 따르면 땅 밑에는 지옥이, 땅 위 하늘에는 천국이 있다. 생전에 나쁜 짓을 하면 사후에 지옥으로, 좋은 행위를 하면 천국으로 간다고 믿었다. 땅 위에서 벌어지는 살육, 죽음, 질병, 재난 등에 대한 의문을 풀 길이 없기에 지옥과 천국으로 설명하고자 했지. 인간의 의식이 발달하여 세상을 있는 그대로 보는 것이 가능해지자, 이런 시각은 폐기되고 있다.

고대 세계관에서 땅은 동그란 지구가 아닌 평지로서, 지평선 끝에 깊은 낭떠러지가 있고 땅의 오른쪽과 왼쪽 끝에는 하늘을 떠받드는 큰 기둥이 있다고 믿었다. 바로 욥기 26장 11절에 '하늘을 받친 기둥들이 놀라 흔들거리니'라며 기둥에 대해 묘사하는 말이 나온다.

또 고대에는 태풍을 자연재해가 아니라 바다신이 분

노한 것으로 이해했다. 대표적인 바다신은 성경에서 용혹은 '레비아단', '리워야단'이라고도 하는데, 욥기 26장 12절에 '그의 콧김으로 하늘은 개고 레비아단은 도망치다가 그의 손에 찔려 죽었네.'라고 쓰여 있지.

땅 밑은 '스올'이나 '음부'라는 개념이다. 바로 욥기 26장 5절에서 6절에 '저 땅 밑에서 그림자처럼 흐느적이는 자들, 바다와 그 속에 갇혀 있는 자들이 어찌 떨지 않으랴! 그의 앞에서는 저승도 벌거숭이, 죽음의 나라도 그대로 드러나네.'라고 땅 밑을 강조했다. 또한 욥기는 하늘은 3층이라는 창세기 개념을 그대로 따랐다. 윗물과 아랫물 중 아랫물은 바다요, 윗물은 구름 뒤편에서 쏟아진다고 여겼다.

성경을 읽을 때 구약의 우주관을 이해하고 읽어야 하는데, 꼭 성경이 현대 우주관을 알고 있는 듯이 그걸 증명해 나가려다 보면 더 깊은 오류에 빠지게 된다. 아직도 현대의 우주관 개념으로 창세기 1장을 해석하는 창조 신학자들이 있다.

만약 욥기의 한 구절인 '땅을 공중에 달아 놓았다.'는 부분을 보고 놀란다면, 태양계를 그린 수메르 문화의 그림을 보면 기절하겠지. 《정감록》이나 《격암유록》에서 어느 한 구절이나 장면이 지금의 세상과 비슷하니, 그런 책들을 다 믿어야 한다는 것과 마찬가지다."

"말씀을 들으니 욥기의 한 문장만 가지고 너무 소란을 떨었네요. 수메르 문화가 태양계를 알고 있었다는 것도 놀랍고요."

"창세기 저자들은 당연히 오늘날 초등학생보다도 자연과학 지식이 없었다. 창세기 2장 4절에서 2장 25절에는 인간, 식물, 동물을 만든 후 태양을 만들었다고 했지. 선악과를 따먹은 죄로 신은 여성에게 출산의 고통을 주었고, 뱀은 말을 못 하게 되었다는데 개나 소의 암컷도 출산의 고통이 있고, 뱀은 원래 말을 못 한다."

"네, 그렇긴 하지만 성경이 문자 그대로 사실이 아니라는 것을 인정하면 전통 기독교가 지금처럼 유지될 수 있을까요?"

"그래, 그런 의문이 들 수도 있지. 하지만 이미 선진국에서 전통 기독교는 변화하지 않으면 사라질 시대에 접어들고 있다. 예컨대 영국의 종교 분포는 무신론자가 70%이고 가톨릭 10%, 성공회 7%, 이슬람 6%, 개신교가

예수님의 폭소

2%이다.

또한, 성경에 대하여 이스라엘 교육부 장관이 이런 말을 했다. '이스라엘에는 정식 역사책이 없다. 신화, 전설, 전승이 뒤섞인 민족 설화집인 성서가 있을 뿐이다. 성서는 역사서가 아니다. 이스라엘 역사학계의 시급한 당면 과제는 신화의 거품을 제거하고 역사적 사실과 고고학적 근거에 입각한 이스라엘 역사서를 다시 쓰는 일이다. 아울러 교과서에서도 신화를 제거해야 한다. 이것이 이스라엘 교육부의 신세대 교육 방향이다.' [이스라엘 교육부 장관 요시 사리(Yossi Sarid)]

이스라엘 정부가 스스로 에덴동산 이야기, 노아 홍수 이야기 등은 사실에 기초한 역사가 아니라 신화와 전설이라고 하는데, 한국 기독교인들이 한사코 역사적 사실이라고 우기고 있다. 한국 사람들은 흥부전을 설화라고 하는데, 일본 사람들은 제비가 물어준 박씨를 심고 그 박을 타서 흥부가 부자가 된 것을 사실로 믿는 것과 같다."

"하하 그 말씀을 들으니 이해가 잘되네요. 그러면 이제, 인간의 운명을 결정하는 인간을 닮은 하나님이 없는 기독교, 예수가 신이 아니고 하나님의 뜻을 가장 잘 실천

한 선생으로서 기독교가 과연 가능할까요?"

방주의 질문이 날카로웠다.

"그래, 그런 질문을 하는 사람이 많다. 예수를 모범적 선생으로만 보는 것은 그분의 능력을 축소하고 의미를 격하한다는 비판도 있지. 하지만 그분은 단순한 선생이 아니다. 예수 그리스도는 나의 경계선 너머로 나를 부르는 무한한 능력의 원천이시다. 나로서는 이러한 선생 예수로 충분하다.

고대 종교는 자아의식과 함께 존재의 불안을 느낀 인간이, 초자연적이면서 인격적인 절대자, 즉 인간처럼 기쁘고 화내고 슬프고 칭찬하는 하나님을 만들면서 시작되었다. 종교인들에게는 불편한 진실이지만, 이것이 종교의 역사라는 것을 부인할 수 없지. 저 하늘 위에 계신 전능하신 하나님은 천문학, 물리학, 생물학이 발전하자 흔들렸지만, 전통 기독교는 이를 애써 무시하고 부인했다.

전통 기독교인은 일주일에 6일은 과학의 세계에 살고, 일요일은 교회에 가서 성경에 나온 이야기들을 문자 그대로 믿는 생활을 할 수밖에 없었다. 이러한 정신적 이중 생활은 중세 시대 이후에는 정상적 삶이라 할 수 없지.

예수님의 폭소

이제 우리는 종교 뒤에 숨어서 진리에 대한 탐구를 회피하면 안 된다. 숨는 것은 일단 편하지만 정직한 해결책이 아니기 때문이지. 믿을 수 없는 것을 말로만 믿을 것이 아니라, 사랑과 생명의 영역을 확장하는 '생명 문화 공동체'를 지향하는 종교로 나아가야 한다.

죄 밖에 없는 인간이 오직 천국 가는 날을 기다리며 사는 것보다, 이 땅에서 살아있는 동안 생명 문화 공동체를 만드는 것이 우리가 갈 방향이고, 공동체의 이름은 교회가 아니라도 상관없다."

"네, 그동안 믿어 왔던 하나님에 대한 개념이 바뀌어야 한다는 말씀 같은데, 지금 한국 교회에서 받아들이기는 어렵겠지요."

"그렇지. 종교가 변화하려면 오랜 세월이 걸린다. 아직도 다윈, 아인슈타인, 스피노자, 니체 등 위대한 과학자나 철학자를 교회가 강하게 배척하는 것을 보면 알 수 있지."

"네. 그런 말씀을 들으니 생각나는데, '종교 철학'이라는 학문은 어떤 공부를 하는 건가요?"

"종교 철학은 종교를 합리적이고 명료하게 비판·탐구·논증하는 학문이라고 볼 수 있다. 많은 철학자가 신의 존재를 증명하기 위해 애써 왔지. 이제 좀 철학적인 이야기를 간단히 해 보자."

방주는 재미없을 것 같았지만, 잠자코 있었다.

"신의 존재를 증명하는 대표적 논증으로는 존재론적 논증, 목적론적 논증, 우주론적 논증이 있다. 존재론적 논증은 간단히 말해 신은 정의상 가장 완전하고, '완전하다.'는 말이 '존재한다.'는 의미를 포함하므로 신은 정의상 존재한다고 주장하는 것이다. 이것을 존재론적 논증이라고 한다.

목적론적 논증은 세상에 정교한 어떤 것이 존재한다면, 그것을 창조한 신이 존재할 것이라는 주장이다. 사막에서 정교한 시계를 발견하면 누군가가 그 시계를 만들었을 것이라고 생각하는 것처럼, 인간이나 자연을 보면서 이렇게 정교한 것들은 신이 창조했을 것이라고 하는 주장이다."

"네. 시계 이야기는 저도 들어 봤어요. 바로 종교 철학의 목적론적 논증이었군요. 제 주위에도 이런 생각으로 창조주가 있다고 믿는 사람들이 많아요."

"그렇지. 다윈의 진화론이 나오기 전에는 그럴듯한 말

이었다. 마지막 종교 철학의 논증으로는 우주론적 논증이 있다. 현재 벌어지는 어떤 사건의 원인을 찾아내고, 또 그 원인의 원인을 계속 찾다 보면 결국 어떤 것의 결과는 아니면서 어떤 것의 원인이 되는 최초의 사건이 있고 이것이 바로 신이라는 주장이다.

우주론적 논증을 제시한 대표적 철학자이자 신학자가 바로 토마스 아퀴나스지. 예컨대 도미노의 마지막 도미노가 쓰러졌다면 왜 쓰러졌을까? 앞에 도미노가 쓰러지니까 쓰러졌는데 그럼 앞에 도미노는 왜 쓰러졌을까? 이런 식으로 도미노가 시작된 곳의 맨 앞에 있는 도미노를 바로 부동의 원동자, 신이라고 한다.

2014년 프란시스코 교황은 종교와 과학이 공존할 수 있다고 강조하면서 이렇게 말했다. '과학은 빅뱅을 세상의 기원으로 보고 있지만, 그렇다고 그것이 하나님을 부정하는 것은 아니다.'

과학자들은 빅뱅에 의해 우주가 시작되었다고 하는데, 그 빅뱅의 원인이 바로 부동의 원동자, 즉 신이라고 주장하지."

"네, 역시 그럴듯한 논증인데 철학적 반론도 있겠지요?"

"그렇지. 데이비드 흄은 '원인의 결과는 주관적 상상일 뿐인데 인간이 마치 인과관계가 있는 것처럼 착각한다.'라고 했지.

칸트는 '인간의 이성에는 한계가 있어서 원인의 원인을 계속 올라가 봐도 모른다.'라고 주장했지. 또 러셀은 수학자답게 '원인의 원인을 쫓아 계속 올라가다 보면 최초의 원인이 나타날 것으로 생각하는데 계속 원인을 찾아 올라가는 것이 왜 불가능하냐?'라고 했어."

"철학자들마다 신에 대한 논증도 역사가 깊고 다양하네요. 옛날에는 신학이 모든 학문을 포함했으니까 신에 대한 비판도 한계가 있었겠지요. 그런데 기독교와 이슬람은 원수지간처럼 보이는데 그들은 예수님을 신이라고 생각하지 않나요?"

"음, 이슬람은 기독교보다 약 600년 늦게 생긴 종교인데 기독교에 삼위일체 교리가 없었거나, 서기 325년 니케아 회의에서 예수님이 하나님으로 승격되지 않았다면, 무슬림은 시작할 명분이 좀 약했을 거야. 무하마드가 새로운 종교를 세우며 기독교를 비판할 때 '하나님은 아버지가 없는 것처럼 아들도 없다.'라고 외쳤지."

"재미있는 말이네요. 하하. 그들은 무하마드가 최후의 선지자라는 거지요?"

"그렇지. 하지만 그들은 예수님을 인간으로서 대단히 존경하지. 이슬람은 크게 수니파와 시아파로 나뉘었지만 작은 파벌 중 '수피'라는 파벌이 있다. 수피는 다른 이슬람 종파와 다르게 전통적인 교리 학습이나 율법이 아니라, 현실적인 방법을 통해 신과 합일하는 것을 최상의 가치로 여긴다. 수피들은 예수님을 특히 존경했는데 그분을 사랑의 복음을 설교한 이상적인 수피로 보았다. 네가 슬슬 졸린 거 같은데 마지막으로 어떤 여성 수피가 쓴 시[6] 하나 읽어 주마."

방주가 고개를 들었고 아버지의 목소리가 이어졌다.

"주여! 제가 만일 지옥이 두려워 당신을 숭배한다면 저를 지옥 불에 태우시고, 천국에 가고자 당신을 찾는다면 천국에서 저를 내치옵소서! 당신만을 사랑하고 조건 없이 당신만을 섬긴다면 당신의 영원한 아름다움으로부터 저를 붙잡아 주옵소서."

골리앗은 누가 죽였나? 끝.

심판대에 선 신 장로

심판대에 선 신 장로

어느 사업가가 최후의 심판대에 서게 되었다. 그는 강남 S 교회 장로 직분을 35년간 무탈하게 감당하고, 시쳇말로 '9988123'으로 운명하여 모두가 부러워하는 사람이었다.

심판대 중앙에는 허연 수염을 길게 기른 하나님이 앉아 계셨다.

"어서 오세요. 귀하가 신종일 님입니까?"

하나님은 음성이 부드러웠다. 소설을 보면 이런 장면에서 하나님은 대개 하대하지만 여기서는 달랐다.

신 장로는 공손하게 머리를 숙인 후 입을 열었다.

"그렇습니다. 제가 신종일입니다. 이렇게 뵈어 무한 영광이옵나이다."

"여기는 짐작하신 대로 이승의 삶에 대해 최종 심판을

예수님의 폭소

하는 곳입니다. 먼저 본인 진술을 들을 테니, 판결에 유리한 부분을 빠뜨리지 말고 다 말씀해 보세요."

하나님이 인자한 미소를 머금고 말하자, 신 장로는 꿀꺽 침을 삼키고 침착하게 입을 열었다.

"만군의 왕이신 야훼 하나님, 제가 이승에서 한 일이 적지는 않지만, 저의 힘으로만 한 일은 아무것도 없습니다. 모두 하나님께서 인도하신 일로 아옵니다. 그러나 하문하시니 몇 가지 말씀드리겠나이다."

하나님이 기특하다는 듯이 신종일을 바라보셨다.

"저는 주일학교에 다닐 때부터 하나님을 경애하는 삶을 배웠습니다. 세상을 사는 지혜와 모든 선악의 판단은 성경 한 권으로 충분하다는 교육을 받았지요.

커서는 작은 기업체를 세워 근면하고 성실하게 운영하는 한편, 강남 S 교회의 장로로 30여 년을 하나님만 충실히 섬겼습니다.

감히 첨언을 하자면 강남 S 교회는 장로 경쟁률이 매년 5 대 1 정도입니다. 3수, 4수를 하여 장로가 되는 사람들도 많습니다만, 저는 첫해에 도전해 당선됐습니다."

"혹시 9수도 있습니까?"

하나님 왼쪽에 앉아 있는 사람이 물었다.

"그건 잘 모르지만 아마 있을 겁니다."

신 장로는 질문한 사람이 누군지 몰랐지만 정중하게 대답했다.

"음, 대단하군요. 그 정도 집념이면 무슨 일이든 할 수 있어요. 나는 도마라고 합니다. 지금부터 제가 몇 가지 질문을 하겠습니다."

도마가 하나님 왼쪽에 앉아 있다니! 의심이 많은 사람이니 특별 면접관으로 채용된 것 같았다.

"물론입니다. 도마 님의 명성은 제가 익히 들어 알고 있습니다. 뭐든지 하문하시죠."

"우선 장로라는 직책은 무엇인가요? 사실 저는 교회도 잘 모르긴 하지만…."

당황한 신 장로가 잠시 생각을 가다듬고 입을 열었다.

"아, 도마 님이 이 땅에 계실 때는 장로라는 직책이 없었습니다. 장로는 장로교라는 개신교의 한 분파에서 리더 역할을 하는 사람입니다. 영어로는 'Elder'라고 합니다."

"음, 그건 그냥 넘어갑시다. 여하튼 신종일 님이 천당에 갈 만큼 훌륭한 분이라는 말씀이지요?"

"제 입으로 말하기는 뭐합니다만 큰 교회의 장로가 되면 대개 주위 사람들에게 존경받고, 자녀들 혼사를 준비할 때나 사업할 때도 적지 않은 도움이 됩니다."

도마의 다음 질문은 신 장로를 더욱 곤란하게 했다.

"신종일 님은 장로가 되기 위해 젊어서부터 성경 외에 다른 책은 안 보셨나요?"

얼른 그렇다고 대답하려 했으나 어딘가 함정이 있는 성싶었다.

"성경을 주로 보았으나 일반 교양서적이나 역사책 등 성경의 가르침을 위배하지 않는 책은 조금 읽었습니다."

"그럼 다윈의《종의 기원》은 안 봤겠네요?"

"네, 진화론을 주장한 그런 책은 전혀 본 적이 없습니다. 인간의 조상이 원숭이라니, 하나님을 욕되게 하는 그런 생각을 어찌 감히 할 수 있는지 그저 참담할 뿐입니다."

신 장로가 자신에 넘쳐 대답했다.

"다윈은 그런 말을 하지 않았는데요?"

"머리 좋은 원숭이가 어느 날 인간이 되었다고 주장한 게 아니라고요?"

신 장로가 긴장해서 반문했다.

"음, 신 장로님은 진화론을 잘 모르시네요. 그게 아닌데…."

"저는 그렇게 알고 있고, 그래서 말도 안 된다고 생각했습니다."

신 장로는 여기서 밀리면 안 된다는 생각에 목소리를 조금 높여 계속 말했다.

"다윈의 주장처럼 원숭이가 진화해서 사람이 되었다면, 지금도 어느 산속이나 정글에 사는 원숭이가 사람으로 진화해야 하는데 역사상 그런 기록은 없습니다.

왜 400만 년 전에는 진화하더니 지금은 안 하는 걸까요? 올챙이는 지금도 개구리가 되어 육지로 기어 나오는 것을 볼 수 있지 않습니까?

무신론자들이 인류 진화의 연결고리가 되는 유인원이라며 시카고에서 발굴한 뼈를 공표한 적이 있지요. 철저한 검사 결과 사람과 원숭이 뼈들을 섞어 맞춘 사기라는 것이 드러났지요."

신 장로가 하나님을 슬쩍 바라보니 귀 기울여 듣고 계셨다. 더욱 힘이 나서 강남 S 교회 청년부 신앙무장 세미

나에서 발표하던 내용을 이어 나갔다.

"모든 생물을 삼차원으로 구분할 수 있습니다. 식물은 살았으나 몸만 있고, 동물은 몸과 혼이 있고, 사람은 몸과 혼과 영이 있지요.

데살로니가전서 5장 23절에 '평강의 하나님이 친히 너희로 온전히 거룩하게 하시고, 또 너희 온 영과 혼과 몸이 우리 주 예수 그리스도 강림하실 때에 흠 없게 보전되기를 원하노라.'라는 말씀이 있습니다. 마치 달걀이 껍질과 흰자, 노른자 이렇게 세 부분으로 나누어지는 것과 같지요.

창세기에 모든 동물을 '그 종류대로' 지었다고 하셨습니다. 개가 원숭이가 될 수 없고 원숭이가 사람이 될 수 없습니다. 원숭이가 두 손 모아 기도하거나 하나님께 예배드리는 것을 보셨나요? 원숭이는 영이 없으므로 그것이 불가능합니다."

신종일 장로의 열변을 묵묵히 듣던 도마가 손을 들어 그의 말을 중단시켰다.

"음, 그럴듯한 이야기지만 진화론과는 상관이 없습니

다. 이제 제가 다윈이 주장한 바를 간단히 설명할 테니 잘 들어보세요."

감명받은 나머지 박수라도 보낼 줄 알았던 도마가 딴지를 걸고 나왔다.

"원숭이가 진화하면 사람이 된다는 말을 다윈은 결코 한 적이 없습니다. 오히려 다윈은 '진화의 나무'를 통해 그 반대의 이야기를 했지요.

'진화의 나무'에 따르면 사람과 원숭이는 나무처럼 하나의 뿌리에서 나왔지만, 나뭇가지가 갈라진 것처럼 서로 다른 진화의 길을 걸어왔습니다. 갈라진 나뭇가지들이 서로 다시 만날 수 없는 것처럼 원숭이와 인간은 서로 다른 진화의 길을 걷고 있기에, 원숭이가 사람이 되거나 사람이 원숭이가 되는 일은 절대 일어나지 않습니다.

원숭이로 진화하는 가지가 있고 인간으로 진화하는 가지가 있다는 것이지요. 그러니까 아메바도 그 가지 중에 하나로 진화한 것입니다."

신 장로는 '그렇다면 인간과 원숭이의 공통 조상이나 원숭이나 오십 보 백 보 아닌가요?'라는 말을 하고 싶었으나 점수를 깎일 것 같아서 입을 다물었다.

예수님의 폭소

"진화론에 대한 이야기는 이 정도로 해 두고 다른 질문을 하겠습니다."

신 장로는 다행이라 생각하며 고개를 끄덕였다.

"신 장로님은 지옥이 있다고 생각하시나요?"

너무나 엉뚱한 말에 신 장로가 잠시 할 말을 잊었다. 지금 여기 최후 심판의 자리에서 천당에 가느냐, 지옥에 가느냐가 결정되는 판국에 이 무슨 자다가 봉창 두드리는 소리란 말인가. 적어도 이 문제만큼은 자신 있었다.

"물론이지요. 마가복음 9장에 '만일 네 눈이 너를 범죄하게 하거든 빼버리라 한 눈으로 하나님의 나라에 들어가는 것이 두 눈을 가지고 지옥에 던져지는 것보다 나으니라. 거기에서는 구더기도 죽지 않고 불도 꺼지지 아니하느니라.'라는 말씀이 있지요. 눈뿐만이 아니지요, 손이나 발이 범죄하면 찍어 버리라고 하셨어요.

간혹 '사랑의 하나님이 어떻게 그분의 창조물을 지옥에 보낼 수 있나?'라면서 지옥을 부정하는 사람들이 있는데 이는 성경을 부정하는 것이며, 인간의 생각으로 하나님의 일을 판단하는 교만함이라고 아니 할 수 없습니다."

도마는 물론 하나님도 신 장로의 성경 외우기 솜씨에

감탄한 듯한 모습이었다. 이번에는 백 점짜리 대답을 했다고 생각하는 순간, 도마의 목소리가 들렸다.

"오, 성경을 달달 외우시네요. 대단하십니다. 신 장로님은 손발이며 눈이 그대로 있는 거 보니 한 번도 범죄한 적이 없나 보네요?"

도마가 예리하게 꼬집었다.

"음…. 어찌 전혀 없겠습니까. 그래도 제 양심에 크게 어긋나지 않아서 오늘날까지 잘 지내 왔습니다. 오직 하나님의 한없는 은총과 능력으로 알고 있습니다."

강남 S 교회 장로다운 노련한 대답이었다.

"마가복음에 나오는 지옥은 나중에 또 설명할 기회가 있을 겁니다. 여하튼 신 장로님은 지옥이 어디에 있다고 생각하시나요?"

잠시 생각을 가다듬은 신 장로는 침착하게 성경 말씀으로 대답을 대신했다.

"마태복음에 '요나가 밤낮 사흘 동안 큰 물고기 배 속에 있었던 것 같이 인자도 밤낮 사흘 동안 땅속에 있으리라.'[2]라는 말씀대로 땅속 어딘가에 있겠지요."

"지옥이 땅속 어딘가에 있다면 인간이 파고 들어가 지

옥을 없애버릴 날이 오겠네요?"

역시 도마는 의심이 많았다.

"지옥은 몸이 아니라 혼이 가는 곳입니다."

신 장로의 목소리에 짜증이 섞여 있었다.

"혼만 가고 몸이 없다면 형체 없는 혼은 불이 뜨겁지 않을 텐데요?"

신 장로가 잠시 당황했으나 곧 성경 말씀을 떠올렸다.

"요한 계시록에 '사망과 음부도 불 못에 던져지니'³라는 말이 있는데, 결국 지옥도 나중에 불 호수로 들어간다는 겁니다. '또 누구든지 생명책에 기록된 것으로 드러나지 않은 자는 불 못에 던져지더라.'라는 말도 있지요."

"아 그래서 어느 목사님이 신도들에게 '충성하지 않으면 생명책에서 지워 버릴까 보다.' 하는 어이없는 협박을 하는군요. 여하튼 지옥이 들어가는 불 호수는 지구 어디에 있나요?"

도마는 의심만 많은 게 아니고 집요했다.

"그것도 땅속 어딘가에 있겠지요. 저도 정확히는 잘 모릅니다."

신 장로가 한발 뒤로 물러났다.

"그럼 연옥은 어디에 있나요?"

"연옥은 없습니다. 그건 가톨릭 이단들이나 믿는 거지요."

"가톨릭이 이단입니까? 개신교가 가톨릭에서 시작하지 않았나요? 이단이란 말은 처음 만들어진 단체에서 나중에 나온 단체를 지칭하는 거 아닌가요?"

"네, 처음에는 가톨릭에서 개신교를 이단이라고 했습니다. 하지만 1517년 종교혁명을 일으킨 루터로 인해 하나님의 뜻에 맞는 종교가 다시 만들어진 것이지요. 아니사실 기독교, 즉 개신교는 종교가 아닙니다."

"종교가 아니면 뭡니까?"

"개신교는 진리입니다."

도마와 신 장로의 눈이 공중에서 부딪쳤다.

"여기 중앙에 앉아 계신 분이 가톨릭의 하나님이면 어쩌려고 개신교만 진리라고 하십니까?"

도마의 말에 신 장로가 깜짝 놀라 중앙에 앉은 분을 보니 빙그레 웃고 있었다.

불안한 신 장로에게 도마의 목소리가 다시 들렸다.

"이제 다른 질문을 하겠습니다. 지옥이 땅 밑에 있다면 하나님 나라는 어디에 있습니까?"

당연히 하늘에 있다고 하고 싶었으나 또 뭐라고 질문을 해대면 감당할 수가 없을 것 같았다.

"잘 모르겠습니다."

신 장로는 목소리에 힘이 없었다.

"하나님 나라가 어디 있다고 예수님이 말씀하신 기록이 있습니다."

"아, 누가복음에 '하나님의 나라는 너희 안에 있느니라.'라는 말씀이 있지요."

"예수님이 누가복음 말고 다른 복음서에서 하신 말씀도 있습니다."

언뜻 생각이 안 나서 주위를 둘러보는 신 장로의 눈에, 하나님 오른쪽에 앉아 있는 사람이 들어왔다. 처음에는 틀림없이 예수님이라고 생각했으나 지금은 그런 확신이 없었다.

머리가 하얀 그분은 눈을 반쯤 감고 무심한 얼굴로 신 장로를 바라보고 있었다.

"힌트를 드리자면 신 장로님과 가까이 있는 사람의 이름이 들어갑니다. 하하."

이제 도마가 사람을 갖고 놀았다.

"지금 저와 제일 가까운 사람은 도마 님인데요?"

신 장로는 은근히 부아가 치밀었으나 꾹 참고 물었다.

"빙고! 그렇습니다. 바로 도마복음에서 예수님이 더 자세히 설명하셨지요."

도마복음은 성경이 아니라는 말을 하려다가 상대가 도마라는 생각에 입을 다물었다.

"혹시 거기에 나온 말씀이 기억나시나요?"

"저는 도마복음을 읽은 적이 없습니다. 정경 66권 외에는 읽지 않습니다."

신 장로가 못 참고 토를 달았다.

"도마복음이 4복음서 중 하나는 아니지만, 꼭 읽어볼 만한 책입니다. 제가 받아써서 이런 말을 하는지도 모르지요. 하하."

도마의 웃음소리가 경쾌했다.

"사실 기독교인들은 세상에 있는 좋은 책을 많이 읽어야 합니다. 성경에 나오는 여러 설화나 종교 특유의 고백적 언어에 갇혀 있으면 안 되니까요."

신 장로가 아무 대꾸를 안 하자 도마의 말이 계속되었다.

"도마복음에서 예수님은 '천국이 하늘에 있다고 하면

예수님의 폭소

하늘에 있는 새가 너희보다 먼저 닿을 것이요, 천국이 바다에 있는 것이라면 바닷속의 물고기가 너희보다 먼저 닿을 것이다.'라고 말씀하셨지요."

다른 사람이 이런 말을 했다면 이단이라고 단단히 정죄할 텐데, 예수님 말씀이라고 하니 신 장로가 기가 죽어서 물었다.

"그럼 도마복음에서 말씀하신 천국은 어디에 있나요?"

"천국은 너희 안에 있고 또 너희 밖에 있다고 하셨습니다."

언뜻 무슨 소리인지 알아들을 수가 없었다.

"너희 안에 있다는 말씀은 알겠는데, 너희 밖이라니요?"

"좀 어려운 이야기입니다. 천국은 하늘이나 바다에 있는 어떤 장소가 아니고 영원한 현존의 상태입니다. 이 자리는 본래 어떠한 흠결 없이 둥글게 광명하며 사방에 통하였으니, 안에도 있고 밖에도 있는 것이지요."

도마가 인도에 가서 오랫동안 전도했다는 소문이 사실 같았다.

"도마복음의 약 50%는 공관복음에 나오는 내용과 겹치며, 예수님이 하신 말씀만 적은 어록 모음입니다. 도마복음은 동정녀 잉태, 부활, 최후 심판 등에 대한 언급이 전혀 없습니다.

그 대신 내 속에 빛으로 계시는 하느님을 깨달아서 내가 새사람이 되고, 죽음을 극복할 수 있다는 것을 강조합니다.

내가 이런 이야기 하면 이상하지만, 어록 중심으로 쓰인 Q 복음[5]과 함께 다른 복음서보다 일찍 쓰인 것으로 생각하는 신학자들도 있습니다. 하하."

신 장로는 Q 복음이 뭔지 묻고 싶었으나 입을 열지 않았다.

"이것으로 제 질문을 끝내겠습니다."

도마가 자기 자리로 돌아가자, 하나님 오른편에 앉은 사람이 일어났다. 얼굴이 노인이니 예수님은 아니다.

그는 심판대 중앙을 향해 정중히 고개를 숙인 후 신 장로를 향하여 다가왔다. 위엄 있는 모습에 신종일 장로가 벌떡 일어나 허리를 굽혔다. 아무래도 아브라함이나 모세인 것 같았다.

"신종일 장로님, 고생이 많으십니다. 하지만 누구나

한 번 죽는 것은 사람에게 정한 것이요. 마지막에는 심판이 있으니 너무 걱정하지 마시기 바랍니다. 나는 가말리엘이라고 합니다."

헉, 바울의 스승인 유대 최고 율법 선생이었다. 아무래도 잘못 걸린 것 같았다.

"가말리엘 선생님, 우레와 같은 존함은 익히 들었습니다. 사도 바울의 스승님이시고 유대 민족 최고의 율법 선생님을 뵈니 영광입니다."

"허허, 허명뿐이올시다. 바울 사도 때문에 내가 유명해졌지만, 사실 나의 할아버지 힐렐[6] 선생님이야말로 유대인의 정신적 스승이시지요. 예수님도 어렸을 때는 힐렐 선생님의 문하라고 해도 과언이 아니니까요."

어디서 들어 본 이름 같은데 물어보기가 무서웠다. 신 장로의 마음을 들여다본 듯 가말리엘이 말했다.

"힐렐 선생님은 바빌론에서 디아스포라 유대인으로 출생하셔서 힐렐 학교를 만드셨지요. 그분이 하신 말씀 중 '내가 싫어하는 것을 남에게 시키지 말라.', '책을 읽고 지식을 늘리지 않는 것은 지식을 줄이는 일이다.'라는 말씀은 잘 알려져 있죠."

신 장로는 힐렐 선생에 대해서는 별 관심이 없었다.

"훌륭하신 할아버님에 대해 잘 몰라서 송구합니다. 하지만 바울 사도가 쓰신 말씀들은 제가 대부분 알고 있습니다."

"하하. 그러시군요. 사실 초기 기독교는 나의 제자 바울이 만든 것이라 해도 과언이 아닙니다. 또한, 그는 처음으로 성경 문자주의를 벗어난 신학자였지요. 즉 구약에 나오는 율법을 안 지켜도 구원받을 수 있다고 믿었습니다. 예수님의 동생 야고보 님이 당시 예루살렘 모임의 수장이었는데, 그분과 교리 논쟁을 하여 끝까지 굽히지 않았지요. 물론 바울의 포교 상대가 유대인이 아니고 이방인이었기에 그럴 수밖에 없었지만요."

신 장로가 아무 말 없이 고개를 끄덕였다.

짧은 침묵이 흐르고 가말리엘이 한 말은 놀라웠다.

"자, 이제 신 장로님이 나에게 질문을 하십시오. 최종 심판대에서 도마 님은 질문하는 역할이고 나는 대답하는 역할입니다."

"이제 제가 질문하는 시간이라고요?"

"그렇습니다. 어떤 질문을 해도 좋습니다.

예수님의 폭소

신앙생활을 하면서 평소 궁금했거나, 의심스러웠던 것도 얼마든지 하세요."

가말리엘의 대답이 시원시원했다.

신 장로가 심판대 중간에 계신 하나님과 눈이 마주쳤다. 그분도 고개를 끄덕이니 안심이 되었다.

"제 질문이 어리석거나 수준 미달이더라도 용서해 주실 수 있나요?"

"그럼요. 역사상 인류의 문화 발전은 항상 질문에서 시작되었습니다. '왜 사과가 땅으로 떨어지나?' 같은 질문은 대단히 어리석게 들렸겠지요. 또 '왜 서로 떨어진 섬에 사는 새는 부리의 모양이 다른가?'라는 의문이 얼마나 중요했는지 당시에는 아무도 몰랐지요."

가말리엘 선생은 현대 물리학과 생물학에도 정통했다. 만유인력과 종의 기원을 넌지시 언급하는 솜씨가 역시 당대의 최고 율법 선생다웠다.

신 장로는 어떤 질문을 할까 생각했으나 선뜻 떠오르지 않았다.

차 한 모금 마실 시간이 지나자 가말리엘 선생이 다시 입을 열었다.

"오랜 교회 생활은 질문 자체를 포기하거나 무력하게 만듭니다. 궁금하거나 이해가 안 되는 질문을 하면 시험에 빠졌다는 비난을 받지요. 신 장로님의 어린 시절을 떠올려 보면 질문이 생각날 수도 있을 겁니다."

그 말을 들으니 신 장로의 입에서 문득 질문 하나가 맴돌았다. 용기를 내어 입을 열었다.

"아담과 이브가 에덴동산에서 지은 죄를 왜 모든 인류가 계속 짊어지고 가야 하나요?"

'연좌제도 아니고.'라는 말을 덧붙이려다 말았다.

언제부터인가 신 장로는 아담과 이브 이야기가 그저 신화가 아닐까 생각하곤 했다.

가말리엘 선생이 빙그레 웃으며 천천히 대답하기 시작했다.

"아담과 이브가 선악과를 따 먹은 죄로 인간은 원죄를 가지고 태어나며, 예수님을 구세주로 믿어야 그 죄에서 벗어난다는 교리가 '원죄설'입니다.

그러나 기독교의 뿌리인 유대교에는 원죄라는 말이 없지요. 구약성서 어디에도 원죄라는 용어는 물론 원죄가 유전된다는 말조차 없습니다.

예수님의 폭소

죄의 유전이라 하는 연좌제식 개념은 4세기 성 오거스틴의 주장이 기독교 교리로 이어진 것입니다."

가말리엘 선생의 말은 역시 학자답게 분석적이었다.

"아담과 이브 이야기는 유대민족의 신화입니다.

구약성서에서 죄에 대해 처음 나온 말씀은 '죄의 책임은 너에게 있느니라(창 4:7)'인데 대부분 한글 성경은 '죄가 문에 엎드려 있느니라.'라고 애매하게 번역했지요.

바울 사도가 대속의 교리를 창안하고, 300년 후 성 오거스틴이 원죄 개념을 만든 이유는 그래야만 모든 인류가 예수님에게 구원받을 수 있는 체제가 되기 때문입니다.

4세기 이후 원죄설은 기독교 초기 신정정치를 지향하는 교회와 잘 어울렸습니다. 즉 성직자 중심의 사회체제를 구축하여 사람들을 묶어두는 방편으로 쓰기에 원죄설은 아주 효율적이었지요.

원죄가 있어야 인간이 태어나면 죄인이 되니, 인간을 구원할 구세주가 필요하고 구세주를 대신하는 전문 종교인들이 설 자리도 확실해지는 것입니다.

원죄설이 설득력을 잃은 유럽과 미국 곳곳에서는 부동산 광고란에 연일 교회가 매물로 쏟아져 나오고 있습니다."

가말리엘 선생의 말은 놀라웠다. 엉뚱한 질문이라고 야단을 치기는커녕 신 장로의 궁금증을 시원하게 해소해 주었다.

"원죄설은 이 정도로 하고 다음 질문받겠습니다."

잠시 침묵이 흐른 후 신 장로가 용기를 내어 질문했다.

"조금 전 도마 님과도 말씀을 나눴습니다만 지옥이 정말 있나요?"

"지옥 이야기라면 좀 길지만 잘 들어 주시기 바랍니다."

가말리엘 선생이 물을 한 모금 마시고 이야기를 시작했다.

"지옥은 땅 밑 어딘가에 있는 무저갱이 아닙니다. 거기에 지옥이 있다고 믿으면서 이성과 판단이 마비되어 불안한 삶을 사는 것이 지옥이지요. 또한 주위 사람을 구원해 주겠다며 '예수 천국, 불신 지옥'을 부르짖는 정신적 폭력이, 당하는 사람으로서는 지옥입니다."

땅 밑에 지옥이 없다고 하니 신 장로는 크게 안심이 되었다. 이제 아무리 대답을 잘못해도 지옥은 안 갈 것이기 때문이다.

　　　　　　　　　　　예수님의 폭소

가말리엘이 계속 말했다.

"2022년 6월 21일 누리호가 우여곡절 끝에 드디어 우주로 날아올랐습니다. 최종 목표 고도인 700km에 도달했고, 발사 관제센터 관계자들은 서로 얼싸안고 자축했지요. 누리호가 마침내 우주 궤도에 오른 것입니다."

가말리엘 선생이 대한민국의 누리호까지 언급했다.

신 장로가 미소를 지으며 선생의 다음 말을 기다렸다.

"누리호의 주요 임무가 하늘에서 천당을 찾는 것이라고 어느 과학자가 주장한다면, 그는 미친 사람 취급을 받을 것입니다.

하지만 불과 몇백 년 전에는 하늘에 천당이 있고 땅밑에 지옥이 있다고 믿는 사람들이 세상을 지배했습니다. 그들과 다른 주장을 하는 용감한 사람들은 핍박받거나 심지어 화형까지 당했지요.

최신 우주망원경으로 찍은 우주에는 약 2조 개의 은하가 있다고 합니다. 하나의 은하에는 태양과 같은 별들이 약 천억 개가 있으며, 우리 은하와 가장 가까운 은하는 '안드로메다은하'로 250만 광년의 거리에 있지요.

이런 과학 시대에 살면서 지옥은 땅 밑 어디에 있고,

천국은 하늘에 있다는 말을 지금도 믿는 사람들이 있습니다.

중세 이전 사람들은 태양이 지구 주위를 돌고, 태양을 여호수아가 기도로 멈추었으며, 밤하늘에 떠 있는 별들은 세상을 떠난 영혼들이라고 믿었습니다.

기독교가 로마 국교가 되기 전에는 제우스와 박카스, 헤라클레스가 등장하는 그리스 신화를 믿는 시대도 있었지만, 지금도 제우스를 신이라고 믿는 사람은 없지요. 또 박혁거세가 알을 깨고 나왔고, 곰과 호랑이가 동굴에서 쑥을 먹는 시험을 본 뒤에 우리가 곰의 자손이 되었다고 믿는 사람도 없습니다."

가말리엘 선생은 우주 탐사선 누리호뿐 아니라 단군 신화도 알고 있었다. 신 장로의 감탄하는 얼굴을 보며 그는 계속 말했다.

"이 모두가 인간이 만들어 낸 신화라는 사실을 우리는 대부분 알고 있지요. 그런데 유독 한국 기독교인들에게 히브리 신화는 신화가 아니라고 세뇌되어 있습니다.

고대 사람들은 세상이 3층으로 돼 있다고 믿을 수밖에 없었습니다. 하늘 저 높은 곳에 아름다운 천국이 존재한

예수님의 폭소

다는 믿음은 당연한 생각이었지요.

간혹 화산 폭발과 용암 분출 현상을 목격한 사람들은 땅속 깊은 곳에 또 다른 세계가 존재하며, 꺼지지 않는 유황불로 죄인을 응징하는 지옥이 있다고 믿었습니다. 그런 우주관을 갖고 살아가는 사람들이 아름다운 천상의 세계를 동경하고, 땅속 세계를 두려워한 것은 너무나 자연스러운 일이었습니다.

문제는 이런 중세 이전의 세계관이 일부 사람들에게 여전히 위력을 발휘하고 있다는 점입니다. 믿기만 하면 누구에게나 열리는 하늘의 천국, 믿지 않는 자에게 유황불이라는 형벌을 내리는 지옥은 원시 세계관을 바탕으로 생겨난 것입니다.

중세 이전에는 그렇게 이해하고 믿을 수 있었지만, 지금도 같은 생각에서 벗어나지 못하면 21세기 우리의 이성과 판단력은 설 자리를 잃게 됩니다."

신 장로는 가말리엘 선생의 열변에 자신도 모르게 자리에서 일어났다.

"선생님, 이제야 제 마음속에서 지옥에 대한 망상이 말끔히 지워졌습니다."

가말리엘 선생이 빙그레 웃으며 신 장로에게 말했다.

"아직 안심하면 안 됩니다. 연옥이 있으니까요."

신 장로가 순간 긴장했고 선생이 계속 말을 이었다.

"12세기에는 연옥이라는 개념이 생겼습니다. 천국에 갈 만큼 착하지는 않지만 그렇다고 지옥 불에 던져질 만큼 악하지도 않은 사람들을 위한 장소지요. 죄인이지만 천국으로 갈 수 있는 재시험을 보기 위해 준비하는 훈련 센터 같은 곳입니다. 연옥은 희망의 장소였지만 사실은 지옥이 진화한 것입니다. 고통이 따라도 견디는 사람에게는 천국의 문이 열릴 수 있다는 희망이 있는 곳이지요.

그리고 이 연옥이라는 개념은 300년 후, 루터가 일으킨 종교혁명의 단초가 됩니다. 면죄부나 면벌부는 주로 연옥에 있는 사람들을 위해 발행되었기 때문이지요."

가말리엘 선생의 설명을 들으니 연옥도 없는 것이 확실했다.

신 장로가 여유를 부리며 물었다.

"제가 듣기로 구약에는 지옥이라는 개념이 없다는데 사실인가요?"

"아주 좋은 질문입니다."

예수님의 폭소

이제 신 장로가 칭찬까지 받기 시작했다.

"죽은 후 곧바로 지옥에 가서 고통을 당한다는 개념은 구약에서는 찾아볼 수 없습니다. 처음에 지옥은 어떻게 사람의 마음속에 들어왔을까요?"

가말리엘이 신 장로의 대답을 기다리지 않고 말을 이어 나갔다.

"정의롭고 공평한 세상을 열망하는 마음이 지옥이라는 응징 공간을 만들었습니다.

자신의 이익만 추구하여 부와 쾌락을 즐기고 다른 사람을 괴롭힌 사람이, 죽어서 아무 대가도 치르지 않는 것은 불공평한 것이지요.

히브리 성경에서 죽음은 인간에게서 생명이 떠났을 때 일어나는 일이라고 말합니다. 그래서 시편에는 죽음을 통탄하며 하나님께 이렇게 기도하는 내용이 있습니다.

'주께서 그들의 호흡을 거두신즉, 그들은 죽어 먼지로 돌아가나이다.'[7] 여기서 죽은 이가 '어느 장소로 간다.'라고 말하지 않습니다. 원래의 먼지로 돌아간다고 말합니다. 인간은 원래 흙으로 만들어졌기 때문이지요.

고대 이스라엘인들은 영혼 불멸설을 믿지 않았습니

다. 세상의 종말이 오면 육신이 부활한다는 생각은 BC 200년경에 생겨났고 예수님이 활동한 시대에 이르러서는 유대교 사상의 공통적 특징으로 자리 잡았습니다.

이 개념은 페르시아 종교인 조로아스터교의 영향을 받았는데, 조로아스터교는 선과 악이 이 세상에서 거대한 싸움을 벌이고 있으며, 궁극에는 선 편에 섰던 사람들이 세상이 끝날 때 부활한다는 교리가 있습니다. 그러다 나중에는 누구나 죽자마자 낙원과 저승으로 간다는 교리로 바뀌었습니다. 왜 이렇게 큰 변화가 일어났을까요?"

"네, 말씀을 들어 보니 궁금합니다."

신 장로가 맞장구를 쳤고 가말리엘 선생이 입가에 미소를 띠고 계속 말했다.

"결론부터 말씀드리면 유대인들이 겪는 고통과 불행한 시기가 너무 길어서, 미래 어느 시점에 부활이 일어난다는 믿음이 설득력을 잃기 시작한 것입니다.

곧 종말이 온다는 주장은 세례 요한 이전부터 줄기차게 선포되었으나, 오랫동안 이루어지지 않았기 때문이지요.

다니엘서에도 안티오코스 4세가 죽자마자 세상의 종

말이 올 거라고 예언했으나 일어나지 않았습니다.[8] 뒤이어 출현한 수많은 묵시론자도 종말의 심판과 부활이 임박했다고 선포했지요."

"사실 그러한 종말론 주장은 최근까지 이어졌습니다. 여호와의 증인이나 안식교에서는 20세기를 지나며 여러 번 종말의 날을 예언했으나 아무 일도 없었지요."

신 장로가 손을 들고 말을 보탰다.

"신 장로님이 거기까지 알고 계시는군요. 그들은 최후 심판의 날이 임박했다며 신도들을 단결시키고 교세를 확장했습니다. 종말이 불발되자 많은 신도가 떨어져 나갔으나 시간이 지나면서 다시 교세가 회복되었지요.

이제 다시 BC 200년경으로 돌아가 봅니다. 다니엘서 등에서 예언한 일은 일어나지 않고 악한 자들이 더욱 잘되는 것입니다. 의로운 자들은 고난이 더 심해졌지요.

하나님은 과연 어디에 계시고 왜 이걸 내버려 두시나? 이런 의문이 사후 세계에 대한 생각의 변화를 가져왔지요.

'즉 정의는 언제인지 모를 먼 미래가 아니라, 죽음 직후에 바로 이루어진다. 죽으면 곧장 심판받아 악한 자는 저지른 죄에 대해 벌을 받고, 선하고 옳은 일을 한 자는 상을 받을 것이다.'라는 개념이 생긴 거지요."

"네, 그런 변화가 있었군요. 사실 예수님도 당시에는 곧 세상의 종말이 온다고 여러 번 말씀하셨지요."

신 장로는 자신이 알고 있는 성경 말씀을 외울까 하다가 선생이 말할 것 같아서 말았다.

"네, 그것이 역사적 예수님과 초창기 제자들이 품었던 생각이었습니다. 이들은 사람이 죽으면 그의 영혼이 곧바로 천국이나 지옥에 간다고 믿지 않았지요.

그보다는 곧 닥쳐올 종말의 때에 하나님이 이 세상을 심판하고 악의 세력을 멸하며, 모든 죽은 자들의 육신을 되살릴 것이고, 그중 일부는 이 땅에 세워질 하나님 나라에 들어갈 것이라고 믿었습니다.

당대의 다른 묵시론자들과 마찬가지로 예수님도 이 응보의 날이 곧 오리라고 믿었어요. 그날이 목전에 닥쳤고 자신의 세대에 심판이 이뤄질 거라고 믿었습니다.

대표적인 말씀이 마가복음 9장 1절에 나오는 '여기 서 있는 사람 중에는 죽기 전에 하나님의 나라가 권능으로 임하는 것을 볼 자들도 있느니라.'라는 말씀이지요."

신 장로의 예상대로 선생이 마가복음을 언급했다.

"예수님 사후 70년 정도 후에 쓰인 요한복음에서 천국과 지옥이 자주 언급되는 것은 이미 당시에도 70년을 기다렸지만, 오지 않는 종말에 대한 불안이 반영되어 있었던 건 아닐까요. 예수님 사후 약 20년 후에 쓰인 바울 서신만 하더라도 하나님이 곧 심판을 내려서 세상의 종말이 오고, 예수님이 재림하여 구원해 주신다고 생각했지요."

신 장로는 가말리엘의 말에 계속 집중했다.

"당시 바울이 틀린 거지요. 이후 2천 년이 지나도 종말이 오지 않는 이 문제를 신학자들이 풀어보려 했지만 뾰족한 수단이 없었습니다.

베드로 후서에 있는 하루가 천년 같고 천년이 하루 같다는[9] 표현과 오직 주께서 오래 참아서 다 회개하기를 원한다는 말씀 정도이지요.

신을 믿는 집단에서 신에게 순종하지 않고 신을 의심하는 사람에겐 비난과 비판이 가해집니다.

마가복음 9장에 나오는 여러 저주의 말들을 들이대며 주위 사람들을 겁박합니다.[10] 심지어 석탄일에 조계사 앞에서 찬송가를 부르고 구호를 외치는 개신교인들을 보면 그들의 비정상적인 종교관을 알 수 있습니다."

가말리엘의 설명은 듣는 사람에게 그가 율법 선생이
라는 사실을 잊게 했다.

　"네, 선생님 말씀을 들으니 기독교 장로라는 직책이 부
끄럽습니다. 역사적으로 인간이 자신과 다른 뜻을 가진
인간을 증오하는 일은 자주 있었습니다. 특히 종교적 증
오는 하나님의 뜻이라는 성스러운 착각에 빠지기 때문
에, 이러한 인간적 병폐 중에서 최악의 형태입니다. 부활
과 사후 세계에 집착할수록 이런 증상이 심해지지요."

　"네, 구약에서 죽은 자의 부활과 사후 세계를 이야기
한 것은 '이스라엘 민족의 회복'이라는 개념인데, 그것을
후대 사람들이 '개인이 죽은 뒤에 부활하는 것'으로 바꿔
버렸지요."

　"그래도 성경에 지옥이라는 말이 많이 나오지 않나요?
예수님도 성경에서 그런 말씀을 하셨고요."

　신 장로가 조금 망설이다 다시 질문했다.

　"한글 성경만 보면 그렇게 생각할 수 있지요. 사실 한
글 성경은 단어 번역에 한계가 있습니다."

　가말리엘 선생이 물 한 모금을 마시고 계속 말했다.

　"오늘날 한글 성경을 히브리어 구약성경 및 그리스어

신약성경과 대조해 보면 단어와 문장 곳곳에 문제가 많습니다.

특히 한글 성경책에 쓰인 '지옥'은 성경에 나오는 원문 세 단어를 뭉뚱그려 모두 지옥으로 번역했지요. 세 단어는 구약의 '스올(Sheol, 65회)'과 신약의 '하데스(Hades, 10회)'와 '게헨나(Gehenna, 12회)'입니다.

스올은 히브리어로서 '보이지 않는 세계'라는 뜻입니다. 한국어 성경은 음부(陰府)로도 번역합니다. 음부는 사람이 죽은 뒤에 혼이 가서 산다고 하는 세상 즉 저승입니다. 천당도 지옥도 아니지요. 스올을 지옥으로 번역하면 야곱도 다윗도 욥도 다 지옥으로 내려갔다는 모순이 발생합니다.

야곱은 자신이 죽어서 갈 곳을 스올이라 했고(창 37:35), 시편 저자도 사람이 죽으면 갈 곳이 스올이라고 했으며(시 18:4) 욥도 사람이 죽은 뒤에는 스올로 내려간다고 말했습니다(욥 14:13).

구약의 저자들은 사람이 죽으면 몸은 흙으로 돌아가고, 영혼은 땅 아래에 있는 거대한 무덤으로 내려가서 쉰다고 생각했습니다.

사울이 영매의 도움으로 이미 죽은 사무엘을 무덤에서 깨워 올리는 사건(삼상 28:3-25)에도 그러한 관념이 드러납니다.

신약성경에 나오는 '하데스'는 그리스어이며 구약성서의 스올과 상응하는 단어입니다. 사람이 죽고 나서 가는 '무덤' 또는 '죽음' 자체를 은유적으로 뜻하는 단어입니다.

마지막으로 '게헨나'는 예수님께서 자주 사용하시던 표현입니다. 게헨나는 골짜기를 뜻하는 히브리어 게(ge)와 사람의 이름인 힌놈(Hinnom)의 합성어로서 '힌놈의 골짜기'란 뜻을 지닌 지명입니다.

구약성경에도 힌놈의 골짜기라는 이름으로 등장합니다(수 18:16). 예루살렘 서남쪽에 있는 이 골짜기(gehenna)는 이교도들이 이곳에서 어린이를 불에 태워 제사를 올렸던 장소입니다(왕하 23:10; 역대하 28:3). 요시야 왕의 종교 개혁으로 이러한 우상숭배와 악습이 근절된 후에도 저주받은 곳으로 간주됩니다(렘 7:31~33).

예수 시대에 게헨나는 쓰레기 소각장으로 사용되었던 곳이어서 쓰레기, 벌레, 사체가 끊일 날이 없었고 항상 불이 타오르고 연기가 피어올랐습니다.

예수님의 폭소

예수님은 부활 뒤 심판과 형벌을 이야기할 때마다 바로 이곳 게헨나를 비유적으로 사용하셨습니다.

'눈 하나로 하느님 나라에 들어가는 것이 눈 두 개를 가지고 게헨나에 던지우는 것보다 낫다. 그곳은 구더기도 죽지 않고 불도 꺼지지 않는다.'(막 9:48)

바로 이 게헨나를 한글 성경에서는 지옥으로 번역한 것입니다.

예수님이 언급한 게헨나는 지옥이 아니라 예루살렘 서남쪽의 힌놈 골짜기입니다. 예수님은 마지막 때에 모든 인간이 무덤(스올, 하데스)에서 부활하고, 최후의 심판이 있다고 생각했습니다. 고대인은 불이 영혼을 소멸하는 힘을 지닌 신성한 물질이라고 생각했지요.

따라서 저주받은 사람들의 영혼은 불의 힘으로 영영 소멸한다고 생각했습니다.

결론적으로 성경에는 사람이 죽어서 바로 가는 천당이나 지옥이 나오지 않습니다. 한글 성경만 보면 이런 내용을 알기 어렵고 이런 것을 가르쳐 주는 교회도 거의 없습니다. 지옥이 사실 지옥이 아니라는 것을 알면 교회가 좋을 게 없기 때문이지요.

성경에는 종말이라는 개념이 있지만, 예수님과 바울 사도가 세상에 곧 종말이 온다고 한 때부터 2천 년이 지났습니다.

14세기 가톨릭은 영어로 성경을 처음 번역한 존 위클리프를 이단이라 정죄하고, 부관참시까지 한 역사가 있습니다. 라틴어 성경이 영어로 번역되면 많은 사람이 성경을 읽게 되기 때문입니다.

성경의 해석권을 독점한 직업 종교인들에게는 아주 불리한 일이었지요. 21세기 한국에도 한글 성경 한 권으로 세상의 모든 지식과 진리를 깨치는 데 부족함이 없다는 믿음 자체를 믿으며, 중세 시대를 사는 사람들이 아직 많습니다."

어떤 내용을 믿는 것이 아니라 믿음 자체를 믿는다는 가말리엘의 말에는 반박할 수 없는 강력한 힘이 있었다.

"이야기가 좀 길었습니다. 자, 또 다른 질문 받겠습니다."

"네, 지옥에 대한 궁금증이 모두 풀렸습니다. 자세한 말씀 감사합니다. 다음 질문은 히브리 성경, 즉 가톨릭과 개신교 그리고 무슬림의 공동 경전에 나오는 하나님은 과연 어떤 분이신지요? 때에 따라 자주 변해서 이해가 잘 안됩니다."

"하하, 좋은 질문입니다."

가말리엘 선생이 가운데 앉아 계시는 하나님께 시선을 돌렸다. 직접 얘기해 주시면 어떨지 묻는 것 같았다. 하나님이 오른손을 들었다가 내렸고 가말리엘이 계속 말했다.

"유대인들은 그들의 하나님을 역사적 삶의 현실과 직결시켜야 했습니다.

이집트 노예 시절에는 하나님이 그들의 '위로자'였고, 출애굽과 광야 생활 동안에는 '안내자'였으며, 가나안 족속들과 싸울 때는 '정복자'였지요.

또한 하나님은 예언자들의 통찰로 변화되어 나타났고, 바빌론 포로기 동안에는 백성들을 지탱한 분이었으며, 페르시아의 고레스 왕을 통하여 백성들이 약속의 땅으로 돌아갈 수 있도록 자유를 주신 분이었지요.

이처럼 변화하는 신에 대한 개념은 유대인의 이야기에만 존재하는 것이 아니라, 동서양을 막론하고 인류의 삶 속에 항상 전해져 내려오는 것입니다.

인류 종교의 역사를 보면 수렵과 채집 생활을 하던 사

람들은 소위 애니미즘 신앙 즉 해, 달, 불, 바람, 벼락 등에 생명이 있다고 믿는 원시 신앙을 숭배했습니다.

이어 농경문화가 발달하자, 사람들은 토지에 속한 신이 필요하게 되었습니다. 부족 간에 전쟁이 일어나면 하늘 위에 사는 부족의 신이 인간의 몸을 입고 내려온다고 믿었으며, 왕을 신이라거나 신의 아들이라고 생각하는 것은 이렇게 해서 생겨난 것입니다.

인간은 언제나 자신의 이미지를 투영하여 욕구를 충족시키기 위해 신을 만들었지요.

세상이 점차 좁아지면서 지역의 부족 신들은 보편적인 유일신관으로 진화했어요. 유대인들의 경전에 나오는 하나님도 이러한 변화를 거쳤다고 생각하면 이해가 좀 될 겁니다."

신 장로가 고개를 끄덕였다.

잠시 침묵이 흐른 후 가말리엘이 입을 열었다.

"자, 이제 다른 질문이 없으시면 하나님 앞으로 나와 주시기 바랍니다. 신종일 장로님, 최후의 심판을 받을 차례입니다."

자리에서 조용히 일어난 신종일 장로의 얼굴에서 빛

이 나는 듯 보였다. 신 장로가 천천히 심판대를 향해 걸어 나가서 하나님 앞에 고개를 숙이고 섰다.

도마가 묻는 여러 질문에 나름대로 대답했고, 가말리엘에게 몇 가지 질문을 하기도 했으나 천당에 갈 수 있다는 확신은 없었다.

"신 장로님은 고개를 들고 나를 보세요."

하나님의 거룩한 음성이 들렸다. 그런데 그분의 얼굴이 이상하게 아주 낯익은 사람 같았다.

하나님이 빙그레 웃으면서 허연 수염을 떼어 내고 어깨까지 내려오는 가발도 벗었다.

신 장로의 입에서 '헉' 하는 소리가 새어 나왔다. 하나님의 얼굴은 바로 신 장로의 얼굴이었다.

놀라고 당황하여 어쩔 줄 모르는 신 장로에게 하나님이 말씀하셨다.

"각자의 신은 각자의 의식 수준의 현시(顯示)입니다."

심판대에 선 신 장로 끝.

끝장토론: 하나님은 있는가?

끝장 토론: 하나님은 있는가?

토론자: 신방주 박사 vs 최서준 교수
사회자: 김동근 아나운서

사회자: 전국에 계신 「끝장 토론」 가족 여러분, 한 주
동안 안녕하셨습니까? 그리고 오늘도 지구촌
곳곳에서, 또 새로운 희망 속에 열심히 살아가
시는 해외 동포 여러분, 해외 근로자 여러분,
오늘도 태극기 휘날리며 오대양 육대주를 누
비고 있는 외양 선원 여러분 안녕하셨습니까?

* 방청객 박수, 환호

사회자: 오늘 「끝장 토론」 주제는 '하나님은 있는가?'입

니다. 기독교가 처음 이 땅에 들어왔을 때는 학교를 세우고 병원을 세우는 등 많은 공헌을 했습니다. 하지만 근래에는 오히려 비판의 대상이 되어 교회가 사회를 걱정하는 것이 아니라 사회가 교회를 걱정한다는 말이 나오고 있습니다. 이 시대에 종교가 갖는 의미와 역할은 무엇인지 고민해야 할 때인 것 같습니다. 어쩌면 오늘 모신 두 분이 그 실마리를 찾아줄 수 있지 않을까 싶은데요, 신방주 천문학 박사님과 최서준 Y 신학대 학장님입니다.

* 방청객 박수

사회자: 먼저 '하나님은 없다.'고 주장하는 쪽의 신방주 박사님부터 자기소개해 주시죠. 자세히 해 주시면 고맙겠습니다.

신방주: 이 자리에 초대해 주셔서 감사합니다. 저는 1956년 서울에서 태어났습니다. 독실한 기독교 가정에서 자라서 어려서부터 주일학교를

열심히 다녔습니다. 솔직히 또래 여학생들을 만나러 가는 재미도 쏠쏠했습니다. 교회 성가 대원으로 열심히 활동했고 지금도 그때 불렀던 찬송이 간혹 생각납니다.

중학생이던 어느 날, 어떤 생각이 저의 신앙관을 크게 흔들었습니다. 세상에는 기독교 말고도 다른 종교가 많다는 사실과 한 사람의 종교는 대부분 그 사람이 태어난 곳에 따라 결정된다는 것이었지요. 인도에서 태어나면 힌두교, 사우디에서 태어나면 무슬림, 태국에서 태어나면 불교, 이런 식이지요. 그렇다면 기독교만 진리라고 주장하는 교회의 가르침에 문제가 있지 않나 하는 막연한 의문이 들었습니다.

다윈의 진화론을 고등학교 때 배웠지만, 진화론은 교회에서 가장 꺼리는 이야기라서 별로 관심이 없었습니다. 고등학교를 졸업하고 S 대학교 경영학과에 들어갔습니다. 제가 기독교 신앙에 가장 몰입했던 기간이 아마 이 무렵이었던 것 같습니다. 어떤 개인적 체험을 통해

예수님의 폭소

서 저는 신앙에 더욱 확신을 갖게 되었고, 대학교 선교 동아리 활동도 열정적으로 했습니다. 그러다 보니까 좀 더 기독교에 대해 깊이 알고 싶었습니다. 저는 서점에 가서 기독교에 관한 책들을 닥치는 대로 보기 시작했습니다. 그러면서 제가 빠져들었던 것이 바로 '창조 과학'이었습니다.

몇천 년 전에 쓰인 욥기에 '지구가 우주 공간에 달려있다.'는 놀라운 말씀이 나온다는 창조 과학의 논증을 보면서 성경이야말로 진리라고 굳게 믿었습니다. 저는 창조 과학 홈페이지에 나오는 주장과 논문들도 거의 다 읽었습니다. 나중에는 누가 시키지도 않았는데 제가 창조 과학을 알리기 위해 학교에서 세미나를 주최하여 강연도 했습니다.

돌이켜 보면 당시 저는 열정이 많고 신앙 체험도 했지만 제대로 아는 것은 거의 없었습니다. 이런 대학 생활을 마치고 신학교에 들어갔습니다. 학기 시작 얼마 후, 독일에서 공부하고 온 어떤 교수님을 만났는데 이분이 저에게 물었습니다. "혹시 창조 과학을 믿느냐?"는 것이었지요. 저는 당연히 그렇다고 대답했지만, 이 교수님 밑에서 한 학기를 공부해 보니 창조 과학이 사이비라는 것을 알게 되었습니다.

엄청 충격을 받았고 비로소 창조 과학에 대해 올바른 눈을 뜨게 되었습니다. 창조 과학은 20세기 초, 지질학을 공부하던 미국의 안식교인이 성경을 문자 그대로 믿고 노아 대홍수로 인하여 지질학을 다시 써야 한다고 주장하면서 시작되었습니다. 또 진화론을 부정하기 위해 창세기를 역사적 사실로 믿어 지구의 역사는 6천 년이고, 지구가 먼저 만들어지고 해, 달, 별은 나중에 만들어졌다고 주장했지요. 물론 창조 과학에도 종류가 있지만 근본은 그런 주장, 즉 성경에 과학을 짜 맞추는 것입니다.

신학교에 들어오기 전까지 저는 창조 과학이야말로 기독교를 지켜 주는 진리이고, 일부 과학자들은 진화론과 무신론을 바탕으로 세상

예수님의 폭소

을 멸망시키는 음모를 꾸미는 사람들이라는
생각까지 했습니다. 하지만 신학교에서 공부
하면서 창조 과학에서 주장하는 것들이 모두
말도 안 되는 이야기라는 것을 깨닫게 되었지
요. 심각한 문제는 이런 창조 과학을 아직도
한국 교회에서 가르치고 있다는 사실입니다.

강남의 S 교회라고 하면 비교적 지성인들이
다니는 교회라고 알고 있는데, 여기조차도 학
생들에게 지구의 역사는 6천 년이고 노아의
방주는 문자 그대로 사실이라고 가르칩니다.
교회 학생들을 가르치는 교사 교육에 창조 과
학이 들어가 있을 정도입니다.

창조 과학의 실체를 안 후, 제가 올바른 신학
교수님을 교회에 모시고 세미나를 하면 몇십
명 안 모이는데, 창조 과학을 설명하는 분이
오시면 몇백 명이 모여서 본당이 꽉 찹니다.
미국에서는 이미 창조 과학이 시들해졌는데,
유독 한국에서만 창조 과학이 아직도 건재합
니다. 창조 과학의 정체를 아는 목사님들도 많

지만, 창조 과학이 엉터리라고 하면 당장 교회에서 배척당하고 생계에 지장이 생깁니다.

안타깝게도 한국 교회가 대부분 그런 곳입니다. 저는 신학대학을 나온 후 다시 미국에서 천문학을 공부하였습니다. 과학의 세계에 들어와 보니 그동안 제가 '우물 안 개구리'였다는 것을 느꼈습니다. 여러분, 성경에 나오는 그런 하나님은 없습니다. 창조 과학에 속지 마시기 바랍니다. 이상입니다.

* 방청객 박수

사회자: 네, 자세한 말씀 감사합니다. 창조 과학에 빠졌다가 탈출한 신방주 박사님의 자기소개였습니다. 이번에는 '하나님은 있다.'고 하시는 최서준 교수님의 자기소개를 듣겠습니다.

최서준: 안녕하세요, 최서준입니다. 저명한 김동근 사회자께서 진행하시는 프로그램에서 존경하는 신방주 박사님과 토론을 하게 되어 영광입니다.

저는 1960년에 제주도에서 태어났고 고등학교 때 서울로 올라왔습니다. 좋은 대학에 가고는 싶고 실력은 모자라서 대단히 죄송한 말씀이지만, 당시 경쟁률이 낮은 Y 대학 신학과에 원서를 넣었습니다. 필기시험은 붙었는데 구두시험에서 약간의 문제가 발생했습니다. 저는 성탄절에 교회에 가 본 적은 있지만, 기독교에 대해 별로 아는 것이 없었습니다. 구두시험을 보는 교수님은 세 분이었고 가운데 앉으신 분이 질문했습니다.

첫 질문은 "예수님은 어디서 태어나셨냐."는 것이었습니다. 저는 몇 곳이 떠올랐지만 확실치 않았습니다. 설마 런던이나 파리는 아닐 테고, 로마나 예루살렘 중 한 곳이라고 생각했습니다. 제가 예루살렘이라고 했더니 앞에 앉은 세 분이 동시에 저를 쳐다보았습니다.

* 방청객 웃음

최서준: 잠시 침묵이 흐른 후 두 번째 질문을 받았습니다. "예수님의 제자는 몇 명이냐."는 것이었지요. 잠시 생각해 보니 적어도 20명은 될 거라는 생각에 20명이라고 했습니다. 다시 저에게 집중하는 세 분의 따가운 시선을 느꼈습니다. 세 분이 잠시 귓속말하더니 마지막 질문을 하셨습니다. "예수님의 생일은 언제냐."는 질문이었고, 저는 자신 있게 12월 25일이라고 대답했습니다. 구두시험을 마치고 일어나는 저에게 오른쪽에 앉은 분이 "자네 등록금은 있나?"라고 물으시더군요. 저는 "네."하고 대답했습니다.

* 방청객 웃음

사회자: 하하. 재미있는 일화입니다. 그런 분이 지금 Y 신학대학의 학장님이시군요.

최서준: 네, 그때 가운데에 앉았던 분이 바로 우리 학교의 학장님이셨습니다. 자기소개를 계속하

예수님의 폭소

겠습니다.

저는 어렵게 들어온 대학을 마치고 영국에서 비교 종교학을 전공으로, 물리학을 부전공으로 9년간 공부했습니다. 귀국하고 모교의 신학 교수로 20년간 일했습니다. 학장을 맡은 지는 2년이 되었습니다.

먼저 확실히 말씀드릴 것은 신방주 박사님이 말씀하신 문자주의 기독교는 저도 벗어난 지 오래입니다. 창조 과학 같은 엉터리에 빠지지도 않았었지요. 그러나 저는 하나님이 있다고 생각합니다. 왜냐하면 성경에 비유와 신화는 많으나, 그 안에 예수님의 진리가 있기 때문입니다. 야훼신이 유대의 부족신으로 출발했지만, 유일신으로 등극한 후 예수님을 통해 사랑의 하나님으로 진화했기 때문입니다. 저는 인간의 생각을 넘어, 사랑의 하나님이 있다고 생각합니다. 이상 자기소개를 마칩니다.

 * 방청객 박수

사회자: 네, 두 분의 재미있고 유익한 자기소개였습니다. 오늘의 토론 주제는 '하나님은 있는가.'이고, 나오신 분은 천문학 박사 신방주 님과 Y 신학대 학장 최서준 님입니다. 두 분 모두 과학과 신학을 같이 공부하신 특이한 이력이 있습니다. 신 박사님은 신학을 먼저 하셨지만, 과학자가 되셨고 최 교수님은 물리학 공부를 한 신학자이십니다.

이제 제가 질문을 하겠습니다. 먼저 신방주 박사님은 '성경에 나오는 그런 하나님은 없다.'라고 하셨는데 좀 더 설명해 주시면 고맙겠습니다.

신방주: 네, 성경에 나오는 어떤 특정한 국가나 개인을 위해 일하는 하나님은 없다는 말씀입니다. 말하자면 어느 나라가 전쟁에 이기도록 도와주거나, 어느 야구팀이 우승하게 하거나, 우산 장사를 위해 비가 많이 오게 하는 그런 하나님은 없습니다.

아브라함이 이삭을 죽이려는 순간 멈추게 한 그런 하나님도 없습니다. 당시 풍습이었던 인

　　　　　　　　예수님의 폭소

신 공양파와 인신 공양 반대파의 투쟁에서 반대파가 이긴 것을 반영한 설화입니다. 또한 모세의 편을 들어 이집트의 모든 장자를 살해하고, 여호수아를 위해 하늘의 태양을 정지시킨 하나님은 없습니다. 헤롯 왕이 어린 예수를 죽이기 위해 2살 이하 남자아이를 다 죽이도록 허용하는, 그런 하나님은 없습니다. 히틀러가 유대 민족 6백만을 죽인 일도, 하나님이 허락하지 않으면 일어나지 않는다는 근본주의 하나님, 그런 하나님은 없습니다.

5백 년 전 루터도 시골을 여행할 때 심하게 치던 번개가 두려워서, 이 번개를 피하게 해 주시면 하나님의 종이 되겠다고 맹세한 후 사제가 되었습니다. 그러나 21세기에 우리가 아는 자연의 질서는 그런 일을 믿게 하지 않습니다. 그런데도 짐짓 그런 하나님이 있다고 믿는 것은 자신을 기만하는 일이지요. 이러한 예는 더 들수 있지만 이만 생략하겠습니다. 이상입니다.

사회자: 네, 잘 들었습니다. 이번에는 최서준 학장님
　　　　말씀해 주시지요. 왜 하나님이 있다고 생각하
　　　　시나요?

최서준: 네, 제가 있다고 생각하는 하나님은 사람의
　　　　생각 너머에 있다고 믿습니다. 말하자면 하나
　　　　님은 우리가 개념화할 수 있는 여러 존재 가
　　　　운데 하나가 아닙니다. 저는 무신론에 대해서
　　　　도 여전히 완고한 근본주의가 존재한다고 생
　　　　각합니다. 즉 '신은 없다.'라는 확고한 무신론
　　　　교리를 전제로 종교 자체를 거부하고 비난하
　　　　는 사람들도 분명히 한계가 있습니다. 신방주
　　　　박사님이 그러신다는 말씀은 아닙니다.

최서준: 인터넷을 통하여 기독교를 비난하는 안티 기
　　　　독교 활동도 근본주의 유신론과 똑같이 문제

가 있는 무신론이 될 것입니다. 이제 제가 믿는 하나님에 대해 간단히 말씀드리지요.

하나님을 설명하는 일은 하나님이 아님을 설명하는 것보다 훨씬 어렵습니다. 왜냐하면 인간의 능력이나 지혜로 설명하는 하나님은 여전히 상징적인 언어로 표현할 수밖에 없기 때문입니다.

우선 저는 하나님을 어떤 특정한 존재가 아니라, 존재의 근원이면서 동시에 실재적이라고 믿습니다. 예수님께서 이러한 하나님을 독특한 방식으로 인류에 나타내셨지요. 동시에 저는 하나님께서 그리스도 안에 계셨다는 성경 말씀을 진리로 믿습니다. 예수님은 제가 생각하는 하나님의 실재를 나타내셨고 지금도 보여 주고 있습니다. 그분으로 말미암아 인간이 하나님의 의미 속으로 들어가는 결정적 계기가 되었다고 저는 믿고 있으며 메시아라는 뜻을 되새깁니다.

하나님의 속성은 예수님의 생애를 통해서 비

유적으로만 알 수 있습니다. 그분은 사마리아 우물가 여인이 주는 물을 마시면서 종족의 벽을 허물었고, 가난한 사람들을 축복하고 위로하면서 물질의 벽을 허물었고, "안식일이 사람을 위해 있다."는 말씀으로 종교의 벽을 허물었습니다.

그의 제자들을 이러한 삶으로 이끈 것은 예수님의 온전한 인성이고, 이것이 기독교가 가르치는 온전한 신성이며 하나님의 사랑으로 들어서는 길이라 믿습니다. 이러한 사랑의 하나님은 분명히 있습니다. 이상입니다.

* 방청객 박수

사회자: 네, 두 분의 말씀 잘 들었습니다. 이제….

사회자가 발언할 때 방청객 한 사람이 손을 들고 일어나 마이크를 달라고 한다. 진행요원이 그에게 마이크를 건넨다. 안경을 끼고 모자를 눌러 쓴 방청객이 마이크를

예수님의 폭소

불면서 발언을 시작한다. 목이 쉰 남성의 목소리이다.

　방청객: 후후~~. 마이크 잘 들리지요?

　사회자: 네, 잘 들립니다. 말씀하세요.

　방청객: 두 분이 지금 그런 이야기를 할 때가 아닙니다. 예수님은 '마지막 때의 징조'를 '노아의 때'와 같다고 하셨습니다. 노아가 방주를 지으며 하나님의 말씀을 전했을 때, 사람들은 허황된 말로 들었습니다. 오랜 시간 사람들은 노아가 만드는 방주를 보았고, 방주의 모양은 날마다 달라졌습니다. 그러고 보니 신방주 박사님의 성함이 방주군요. 흠, 이름값을 못 하십니다.

　* 방청객 웃음

　방청객: 노아와 가족은 틈만 나면 주님의 말씀을 전했습니다. 방주가 완공되자 하나님은 정결한 짐승을 암수 7쌍씩, 부정한 짐승을 암수 2쌍씩 방주로 들여보냈습니다. 그리고 방주의 문을

닫고 7일 후, 비를 40일 주야로 내렸습니다.

사회자: 지금 노아의 방주 말씀을 하시는 건가요?

방청객: 아니요, 조금 더 들어 보세요.

사회자: 네, 계속하세요.

방청객: 사람들이 노아의 말에 처음에는 무심했더라
도 동물들이 질서 있게 방주 안으로 들어가는
것을 보고 이상하게 여겼어야 합니다. 그리고
노아를 찾아가서 당신 말이 진정인가? 이 방
주에 들어와야만 사는가? 묻고 회개하며 돌이
켰어야 합니다.

지금 우리가 겪고 있는 코로나 사태는 하나님
이 인류에게 주시는 마지막 경고입니다. 방주
가 완공되고 동물들이 들어가는 놀라운 현상
을 보며 우리는 지금 어떤 준비를 해야 할까
요?

먼저 수시로 기도하십시오. 출퇴근할 때, 길을
걸을 때, 집안일을 할 때, 수시로 주께 묻고 마
음을 털어놓는 습관을 기르십시오. 그래야 영
적인 내공이 생깁니다.

예수님의 폭소

둘째, 성경 말씀을 큐티와 같이 읽기 바랍니다.[1] 하나님은 어떤 분이며 오늘 내게 무엇을 알려 주시는가, 집중하여 읽고 삶에 적용하며 순종하십시오. 지금 읽는 성경 말씀이 내 생애 마지막 읽는 것일지도 모릅니다.

셋째, 지금은 사람들이 모두 마스크를 쓰고 있습니다. 전도하기가 어려운 시기입니다. 이런 때는 내 가족을 돌보십시오. 부모 형제 자식 중에 교회에 안 나가는 사람도 있고 선데이 크리스천도 있을 것입니다. 이분들의 영혼 구원을 위해 간절히 기도하십시오. 지금이야말로 주님이 우리에게 허락하시는 마지막 신부 단장의 기간입니다. 신부 단장은….

사회자: 네, 알겠습니다. 이분의 말씀은 여기까지 듣도록 하겠습니다. 감사합니다.

* 방청객의 마이크가 꺼졌다.

사회자: 네, 오늘의 끝장 토론 주제는 '하나님은 있는

가.'이고 토론자는 신방주 박사님과 최서준 학장님입니다. 이번에는 제가 오늘의 토론 주제에 따른 소주제를 말씀드리겠습니다. 먼저 '인간은 삶의 의미를 어떻게 찾을 수 있는가?'입니다. 천문학을 공부하신 신 박사님께 먼저 마이크를 드립니다.

신방주: 네, 우선 우리가 존재하는 우주에 대해 간단히 설명하겠습니다. 제 얘기를 듣고 '인간은 천문학에서 삶의 의미를 찾을 수 있는가.' 하는 질문에 여러분 스스로 답해 보시기 바랍니다.

우리는 모두 한 초신성의 후예입니다. 믿기 어렵겠지만 과학적으로 사실입니다. 초신성이란 많은 에너지를 내뿜는 별의 폭발을 말합니다. 엄청난 빛의 분출 현상이 마치 새로운 별이 태어나는 것처럼 보이기에 신성(新星)이라고 합니다만, 실제로는 수명이 다한 별이 폭발하며 엄청난 에너지를 내뿜는 것이지요. 이 우주 드라마는 바로 우리 모두를 위한 우주 드라마이고 기적 중의 기적입니다.

예수님의 폭소

우리 은하에 있는 천억 개의 별 중에 하나인 태양. 태양은 50억 년 후 지금보다 약 200배 커져서 지구에 접근합니다. 온도는 지금의 6천℃에서 3천 5백℃ 정도로 내려갑니다. 우리 지구가 어찌 될지는 설명할 필요가 없겠지요. 그 전에 인류의 운명이 어찌 될지 아무도 모릅니다.

우주에서 우리가 아는 물질은 오직 4%뿐(마그네슘, 철 등)이고 나머지는 암흑 물질 24%, 암흑 에너지 72%입니다. 우주의 시작은 시간과 공간이 하나였고 빛이 나갈 수 없었습니다. 그러다 빅뱅 38만 년 후 빛과 물질이 분리되기 시작합니다.

태양계는 46억 년 전 생겼으니 우주의 역사 138억 년 중 비교적 나중에 생겼고 태양계 전체 크기는 1광년입니다. 태양계는 태양과 같은 별이 천억 개 모여 있는 우리 은하 중심에서 2만 6천 광년 떨어져 있습니다. 태양계는 2억 년에 한 바퀴 도는 우리 은하의 회전운동이, 주변에 있는 기체 덩어리 일부를 수축시켜 생겨났지요.

태양계 탄생 전, 주변 기체 덩어리 근처에서 초신성 폭발이 일어났는데 우리 몸속의 모든 원소(칼슘, 나트륨, 마그네슘, 철)는 이 초신성에서 왔습니다. '빅뱅 이전에는 뭐가 있었나?'라는 질문은 성립하기 어렵습니다. 왜냐하면 빅뱅 이전에는 시간도 없었기 때문이지요.

우주는 존재하는 자체가 이해할 수 없는 아이러니입니다. 간단히 우주에 대해 말씀드렸습니다. 과연 이러한 천문학 공부가 우리에게 삶의 의미를 설명해 주나요? 여러분 각자의 판단에 맡기겠습니다. 감사합니다.

* 방청객 박수

사회자: 네, 천문학을 비롯한 과학은 인간에게 끝없는 연구 과제입니다. 연구 과정에서 밝혀지는 우주 법칙이 과학자에게 삶의 의미를 제공하지

예수님의 폭소

않을까요? 빅뱅 이전에 대한 물음은, 물음 자체가 모순임으로 성립할 수 없습니다. 태양계가 형성되기 이전에 폭발한 초신성이 우리 몸의 화학성분을 구성했다 해서, 초신성을 창조주라고 할 수 있을지요? 이 자리에 계신 방청객 여러분도 생각해 보시기 바랍니다.

다음은 최서준 학장님께서 말씀해 주시지요. 인간은 삶의 의미를 어떻게 찾을 수 있나요?

최서준: 천문학적 관점으로 볼 때 인간은 우주가 만든 최고의 걸작품처럼 보입니다. 그러나 그것이 인간의 삶의 의미를 설명해 주기는 어려울 듯합니다. 아마 물리학, 생물학도 마찬가지일 것입니다. 과학에서 삶의 의미를 발견할 수 없다면 어디서 찾아야 할까요? 철학, 신학, 예술, 문학에서 가능할까요?

저는 러시아의 문호 톨스토이의 삶에서 해답을 얻고 싶습니다. 귀족 가문에서 태어나 많은 재산을 물려받은 톨스토이는 세상에 부러울 것이 없는 사람이었습니다. 젊은 시절에는 도박으로 큰돈을 날리기도 했고, 여자 농노에게서 사생아를 낳는 등 방탕한 삶을 산 적도 있습니다.

그는 문학과 철학, 신학을 두루 섭렵하면서 인생의 가치를 찾고자 했지만, 그 결과는 절망뿐이었습니다. 낙담한 톨스토이는 심한 우울증으로 자살 충동에 빠지기도 했습니다.

그를 절망의 늪에서 구원한 건 예수님의 '산상수훈'이었습니다. 톨스토이는 '세상의 모든 교훈이 사라진 뒤에도 영원히 남을 것은 산상수훈뿐이며, 예수의 말씀은 삶에 의미를 주는 유일한 교리'라고 말했습니다.

권위적인 러시아 정교회를 비판하다가 파문당한 톨스토이는, 청교도적인 경건한 생활을 하며 비로소 영혼의 안식을 얻었습니다. 그는 당시의 농노해방운동을 적극적으로 지지하여 자기의 농노들을 모두 해방하고, 그들의 자녀를 위해 대안학교를 설립, 운영했습니다. 말년에는 재산과 명예를 모두 버리고 집을 떠나 방

예수님의 폭소

랑하다가 시골 기차역에서 폐렴으로 객사했습니다.

"인간은 신 없이는 살 수 없는 존재며 하나님을 아는 것과 삶을 사는 것은 하나입니다."

톨스토이가 참회록에서 밝힌 고백이지요.

그는 네 개의 복음서를 하나의 복음으로 종합한 '요약 복음서'를 썼습니다. 족보나 전승 부분을 빼고 예수님의 생애와 말씀을 중심으로 만들었지요. 한국 교회의 기준으로 보면 거의 사탄 수준이지요. 성경에 손을 대다니요.

* 방청객 웃음

최서준: 그는 신학을 떠나 예수님의 가르침을 삶과 생명의 문제로 다뤘습니다. 러시아 정교회의 성서 문자주의를 비판한 톨스토이지만, 예수님에 대한 깊은 사랑으로 삶의 위기를 극복하고 다시 일어난 것입니다. 이렇듯 우리 인간은 인생의 의미를 예수님의 삶에서 찾을 수 있다

고 저는 생각합니다. 이상입니다.

* 방청객 박수

사회자: 네, 최 학장님 말씀 잘 들었습니다. 다음 소주
제는 '인간에게 종교는 필요한가?'입니다. 이
번에는 최서준 학장님부터 말씀해 주시기 바
랍니다.

최서준: 네, 신학대 학장이 종교는 인간에게 별로 필
요치 않다고 할 수는 없겠지요.

* 방청객 웃음

최서준: 먼저 인간이 믿는 종교 분포를 말씀드리지요.
2022년 1월 지구상에 약 80억 명의 사람들이
살고 있습니다. 그중에 약 70억 명의 사람이
종교가 있다고 합니다. 구체적으로 다음과 같
습니다.
기독교가 약 25억(가톨릭 13억, 개신교 6억,

정교회 3억, 기타 3억),

이슬람이 약 19억(수니파 17억, 시아파 2억),

힌두교가 약 11억,

불교가 약 6억,

중국 민속종교 약 5억,

민족 종교 약 3억,

신흥 종교 약 7천만,

시크교 약 3천만,

유대교 약 1500만,

무교가 약 9억 명입니다.

종교 분파로 볼 때 가장 많은 것은 이슬람의 수니파, 가톨릭, 힌두교, 개신교 순서입니다. 종교를 믿는 사람들이 압도적으로 많습니다. 80억 인구의 90%에 가까운 사람들이 종교가 있습니다. 물론 이들이 얼마나 신실한 종교인 인지는 모릅니다.

또 민속 종교, 민중 종교, 신흥 종교를 믿는 사람이 약 9억 명인데 이들 중 종교라고 하기 어려운 것도 있겠지요. 이들을 빼더라도 전체 인구 중 약 80%는 믿는 종교가 있다는 것입니다. 결국 이 통계는 인간에게 종교는 필요하다고 보여주고 있습니다. 저도 같은 생각입니다. 이상입니다.

사회자: 네, 다음으로 신방주 박사님 말씀해 주시지요.

신방주: 네, 세계적으로 종교인들이 많은 건 사실입니다. 한국은 어떨까요? 놀랍게도 한국은 현재 무신론자가 60%가 넘습니다. 나머지는 개신교, 불교, 가톨릭의 순입니다. 한국보다 무신론자가 많은 곳은 북유럽입니다. 왜 그런가 하는 것은 오늘의 토론 소주제가 아니니까 생략하겠습니다.

대신 저는 종교의 근본적인 문제점들을 말씀드리고 싶습니다. 물론 이런 문제들이 있음에도 '인간에게 종교가 필요한가?'에 대한 판단은 여러분의 몫입니다. 종교에는 근본적으로 심각한 문제점들이 있습니다.

첫째로 개인의 종교 선택권이 없습니다. 즉 대부분 태어난 지역의 종교를 믿게 됩니다. 그렇

예수님의 폭소

게 중요하다는 종교를 선택한 타당한 근거를 제시하지 못하는 모순이 있는 것입니다. 처음부터 태어난 곳에 따라 자기네 종교를 믿으면 천당, 아니면 지옥에 간다는 억지를 부리지요. 둘째, 종교적 허위 주장과 역사적인 악행입니다. 종교는 지구가 태양을 돈다고 주장하는 부르노를 화형했고, 갈릴레이를 파문하는 등 종교라는 이름으로 오랜 시간 진실을 왜곡했습니다. 중세 시대의 십자군 원정이나 마녀사냥 등은 종교의 이름으로 인간이 저지른 끔찍하고 부끄러운 악행이지요. 또한, 수많은 나라가 종교로 인하여 서로 싸우고 찢어지고 폭탄 테러를 자행했습니다. 911사태에 관해서는 언급할 필요도 없겠지요.

셋째로 배타적 독선입니다. 특히 개신교는 분파가 너무 많고, 자신들만이 진리를 독점한다며 다른 종교나 교파는 모두 지옥에 간다고 믿습니다. 이러한 점이 일부 개신교가 몰락을 자초하고 있는 원인이 되고 있습니다. 이러한 종

교의 문제점들을 생각해 볼 때 과연 종교가 인
간에게 필요한지 의문입니다. 이상입니다.

* 방청객 박수

사회자: 네, 종교가 그렇게 문제가 많았지만, 아직도
　　　　건재한 이유는 무엇일까요? 아마도 인간의 수
　　　　명이 유한하기 때문이겠지요. 만약 인간의 수
　　　　명이 무한하다면 이 세상에 종교가 존재할 수
　　　　있을까요? 여러분 생각은 어떠신가요?
　　　　자, 이제부터는 두 토론자께서 자유 토론 시간
　　　　을 갖겠습니다. 누가 먼저 하실까요?
최서준: 제가 먼저 하겠습니다. 신 박사님은 역사적으
　　　　로 종교가 안 좋은 영향만 끼쳤다고 하셨는데
　　　　너무 극단적인 말씀이라 생각합니다. 일례로
　　　　로마가 기독교를 공인하기 전에는 많은 사회
　　　　적 폐단이 있었습니다. 전 국민의 40%가 노예
　　　　였지요. 여성은 어떠한 권리도 없었으며 귀족
　　　　가문에서는 여아 살해를 공공연히 했습니다.

이러한 일들이 기독교로 인하여 바로 잡혔습니다.

그뿐만 아니라 종교는 인간에게 마음의 위안과 평안을 줍니다. 스트레스를 줄여 주고 질병 치료에 도움이 될 수도 있지요. 종교는 선한 일을 하도록 동기부여도 합니다. 또한, 종교는 방대하고 불가사의한 우주 안에서 인간은 어디에 위치하는지에 대한 우리의 호기심을 충족시켜 줍니다. 이렇듯 종교만이 할 수 있는 일들이 많이 있습니다. 신방주 박사님도 종교가 갖는 이러한 장점에 동의하시리라 생각합니다.

신방주: 네, 물론 종교의 순작용도 있습니다. 하지만 근본주의 종교는 순작용보다 부작용이 더 많다고 생각합니다. 성경이 모든 진리의 잣대라고 주장하면 어떤 부작용이 발생할까요? 무엇보다 인간의 과학적 탐구심을 꺾게 됩니다. 즉 알아낼 수 있는 것을 알려고 하지 말라고 가르치는 것과 같습니다. 그것은 과학을 전복

시키고 지성을 부패시킵니다. 갈릴레오의 예만 들어도 충분하겠지요. 지금도 잘못된 종교는 순진하고 선한 젊은이들의 과학교육을 망치고 있습니다.

잘못된 종교는 과학뿐만 아니라 인간 정신을 부패시킵니다. 왜 많은 사람이 교회에 갑니까? 천당 가고 싶어서입니다. 예수를 구세주로 인정하고 교회 나가서 속죄만 하면, 영혼이 구원받고 지옥에 가지 않는다는 것이 중세 이후 그들의 교리입니다. 그렇게만 하면 천당 간다는데 왜 그걸 안 하느냐고 답답해하는 사람들이 있습니다. 밑져야 본전인데 일요일 하루 교회 가는 게 뭐가 그리 힘드냐는 것이지요. 어차피 하나님이 있는지 없는지는 죽어 봐야 아는데, 보험을 들듯이 하나님 믿고 교회 나가라는 것입니다. 이런 사람들은 자신들이 믿는 하나님이 성경 어디에 나오는 하나님인지 전혀 생각하지 않습니다. 오직 죽어서 천당 가는 생각만 머리에 가득 차 있습니다.

예수님의 폭소

종교는 진지하고 심각하게 인생을 걸어야 하는 결단입니다. 왜냐하면 한 번뿐인 삶의 진정성과 직결되기 때문입니다. 보험을 드는 심정으로 교회 가는 사람들은 진정한 믿음을 가질 수 없습니다. 그들은 삶의 목표가 오로지 천당이고, 예수님의 삶과는 전혀 상관이 없기 때문입니다. 밑져야 본전이라는 신앙은 정직하지 못하고 비굴한 인간 정신입니다. 만약 하늘에 그들이 믿는 신이 있다면 신은 그렇게 쇼하는 사람, 절대로 천당에 보내지 않을 것입니다.

이 땅에 널려 있는 '밑져야 본전 교회'와 '순보험 교회'를 다니면서 귀중한 삶을 낭비하지 말아야 합니다. 더욱 해로운 것은 '묻지마 신앙' 자체가 미덕이라고 아이들에게 가르치는 행위입니다. 아이들을 미래의 종교 전쟁을 위한 치명적인 무기로 준비시키는 것이지요. 순교자로서 천당을 약속받고 두려움이 없어지면, 그들 '인간 폭탄'은 자폭용으로 쓰일 가능성이 높습니다.

아이들에게 의심 없는 신앙이 천국행 티켓이라고 가르치는 대신, 자신의 믿음을 통해 질문하고 생각하는 법을 가르친다면 자살 테러범은 점차로 없어질 것입니다. 이상입니다.

* 방청객 박수

사회자: 네, 잘못된 종교는 과학의 발달을 방해하고, 삶의 진정성을 해친다는 통렬한 지적이었습니다.

방청객 한 명이 일어나서 뭐라고 말한다. 진행요원이 마이크를 건넨다.

방청객: 신방주 박사님의 말씀을 들으니 저도 '순보험 교회' 교인인 것 같습니다. 반성하게 됩니다. 하지만 유명한 파스칼의 「내기 이론」, 즉 하나님이 있다는 쪽에 거는 것이 확률이 높다는 말은 어떻게 해석해야 하나요?

파란 원피스를 입은 여성이 마이크를 돌려주고 자리에 앉았다.

신방주: 네, 좋은 질문입니다. 먼저 당시 파스칼이 살던 프랑스는 개신교가 아니라 가톨릭이었습니다. 즉 파스칼의 신은 가톨릭의 신이었지요. 우리는 파스칼에게 이렇게 물을 수 있습니다. "만약 당신의 신이 개신교 신이거나 유대교 신이면 어찌 되는 거냐?" 하는 질문이지요. 파스칼이 말하는 신은 오직 가톨릭을 믿는 사람들만 천국으로 보내는 신이라는 점을 이미 전제로서 깔고 있는 것이지요. 따라서 「파스칼의 내기」는 그 자체가 허술한 가정 위에 세워진 것입니다.

더욱 중요한 것은 누구나 신을 믿는다고 결심할 수 있고, 성경을 보면서 글씨 한 자 한 자를 다 믿는다고 결심할 수도 있습니다. 하지만 내가 믿지 않는다면 그 어느 것도 나에게 실제로 믿도록 할 수는 없습니다. 믿는다는 것은 숫자를 고르는 것처럼 선택이 아니기 때문이지요. 파스칼에게 어느 유명 신학자의 말을 들려주고 싶습니다. "성경을 문자적으로 읽으면 심각하게 받아들일 수가 없고, 심각하게 받아들이려면 문자적으로 읽을 수 없다." 이해가 좀 되셨길 바랍니다.

* 방청객 박수

사회자: 네, 그 말씀을 들으니 저도 공부가 되었습니다. 사실 파스칼의 그 도박 이론에 영향을 받은 사람이 많을 겁니다.

아까 그 여성 방청객이 다시 자리에서 일어났다.

방청객: 그러면 신 박사님은 전통적 인격신에 대한 미련은 전혀 없으신가요?
신방주: 네…. 어려운 질문입니다. 만약 인격신에 대한 미련이 있다면 추억으로 남아 있겠지요.

예수님의 폭소

초등학교 다닐 때 크리스마스의 환하고 즐거운 분위기, 중·고등학생일 때 학생회에서 서로 친교하는 시간 등은 좋은 추억입니다. 더 어렸을 때 산타에 대한 기대로 들떴던 마음도 기억납니다. 그리고 어떤 찬송가의 가사와 멜로디는 지금도 참 좋습니다. 가사들을 좀 수정해서 부르면 어떨지 하는 생각도 간혹 했습니다. 하지만 한 번 알을 깨고 나오면 과거가 아무리 안락했다고 해도, 다시는 알 속으로 들어갈 수가 없지요.

제가 어렸을 때는 인간을 만든 인격신이 있다고 생각한 적이 있습니다. 왜냐하면 신이 없다면 세상은 공허하고, 무의미하다는 생각에서 벗어나기 어려웠기 때문입니다. 하지만 이제는 나의 삶이, 내가 선택한 만큼 의미 있고, 충만하고 경이로워서 그것으로 충분하다고 생각합니다. 대답이 되었는지 모르겠습니다.

* 방청객 박수

최서준: 신 박사님의 말씀을 들으니 유신론을 주장하는 제 입지가 좁아지는 느낌입니다. 세계 인구의 적어도 80%가 신을 믿고 있다고 하는데도 말입니다. 하하.

저는 비교 신학을 영국에서 공부했습니다. 다시 말씀드리지만, 저는 근본주의나 문자주의를 반대합니다. 그러나 성경 말씀에는 세상에 시작이 있다고 했고, 과학계에서 오랜 논란 끝에 빅뱅설이 정설이 되면서 성경 말씀이 맞았습니다. 세상에 시작이 있느냐 없느냐는 확률적으로 반밖에 안 되지만요. 하하.

빅뱅설은 처음에 우스갯소리로 여겨졌지만, 신학계에서는 은근히 맞기를 기대했습니다. 우주에 시작이 있어야 그것을 만든 창조주를 설정할 수 있기 때문이지요. 여기서 우리는 몇 가지 중요한 질문을 하지 않을 수 없습니다.

첫째, 과연 무에서 유가 나올 수 있을까?

둘째, 생명이 저절로 탄생할 수가 있을까?

셋째, 인간은 죽으면 끝인가?

예수님의 폭소

이러한 질문들에 대한 답이 나오지 않는 한 인간은 신에 대한 관심을 버릴 수 없습니다. 즉 유신론자로 평생을 사는 것만큼 무신론자로 평생을 살기도 쉽지 않은 일입니다.

사회자: 네, 최 학장님은 세 가지 질문에 답이 아직 없고, 그래서 신을 떠날 수 없다고 생각하시는 것 같은데 신 박사님도 마찬가지로 생각하시나요?

신방주: 네, 답이 나오지 않은 것도 있고, 어떤 답은 사람들이 잘 이해 못 하는 부분도 있을 겁니다. 간단히 한 가지씩 제 생각을 말씀드리지요.

먼저 제일 어려운 것이 '무에서 유가 나올 수 있는가?'라는 질문입니다. 제가 우주에 대해서 말씀드린 것처럼 우주라는 존재 자체가 하나의 거대한 기적이고 아이러니입니다. '왜 아무것도 없지 않고 있느냐?'라는 질문에 대한 대답은 아직 없다고 생각합니다. 즉 우리는 모릅니다. 하지만 모른다고 해서 신이 만들었다는 대답이 정답은 아닙니다. 모르는 것은 모르는 것으로 끝나야 합니다.

어쩌면 우리는 천문학의 다윈을 기다리고 있는지도 모릅니다만, 과학이 이것을 밝히려면 오랜 시간이 걸릴 듯합니다. 여기서 유와 무에 대한 어느 종교 창시자의 게송 하나를 소개하겠습니다.

"유는 무로, 무는 유로, 돌고 돌아 지극하면 유와 무가 구공이나, 구공 역시 구족이라."

"유와 무가 하나가 되면 모두 공이나 공 역시 갖춘 것이구나." (원불교 창시자 소태산 박중빈 게송.)[2]

두 번째로 '생명이 우연히 탄생할 수 있는가?'라는 질문입니다. 과학자로서 저의 대답은 "그렇다."입니다. 확률적으로는 일어날 가능성이 극히 낮지만 아주 오랜 시간이라면 일어날 수도 있다는 것이지요. 만약 여기서 이 확률이 너무나 낮다는 이유로 창조주가 있다는 것을 믿는다면 종교적 믿음이 되겠지요.

하지만 과학은 '이 창조주는 또 누가 만들었는

예수님의 폭소

가.'를 생각하지 않을 수 없기에 창조주 옵션
은 과학자의 생명체 탄생 연구의 옵션이 아닙
니다. 생명이 외계에서 왔다는(운석 충돌 등
으로) 이론도 물론 가능성이 없지 않습니다.
하지만 이것도 창조주 문제와 같이, 그렇다면
'이 외계의 생명체는 어디서 어떻게 만들어졌
는가.' 하는 질문이 따르기 때문에 과학적 해
결책이 아닙니다.

과학자는 지구에서 생명이 탄생했을 것이란
가정에서 연구를 시작해야 합니다. 지구는 약
46억 년 전에 생겼는데, 10억 년이 지난 36억
년 전 최초 생명체가 바다에서 나타났다고 추
정합니다. 이것은 단세포 박테리아이고 어떻
게 나타났는지는 그동안 밝혀지지 않았지요.
이런 박테리아가 광합성 작용을 통해 지구에
산소를 공급하기 시작합니다.

2022년 4월 FfAME 재단의 과학자들은 초창
기 지구에서 탄생한 생명체 유전물질인 RNA
가 43억 5천만 년 전에 지구에 널려 있던 현

무암 주변에서 자연 발생할 수 있었다고 발표했습니다. 이로써 초기 지구에 유기물이 유입되어 아미노산을 형성하고 단백질 간에 합성이 이뤄졌으며, 유전물질에 필요한 인이 유입되고 RNA 같은 유전물질의 합성이 이뤄지고, 유전복제에서 진화에 이르는 모든 과정이 밝혀졌다는 것이지요. 이 내용은 과학저널 〈Astrobiology〉에 게재되었는데 곧 〈Nature〉 지에도 실린다고 합니다.

FfAME는 Foundation for Applied Molecular Evolution의 약자인데, 응용 분자 진화를 전공하는 과학자들이 초기 지구에서 생긴 분자가 어떻게 생명체로 진화할 수 있었는지를 연구하는 단체입니다. 만약 이 발표가 많은 과학자의 동의를 얻는다면 상당히 획기적인 생명 탄생 이론으로 정립될 가능성이 있습니다만, 좀 더 두고 봐야겠지요.

세 번째로 '인간은 죽으면 끝인가?'라는 질문에 과학자인 저의 대답은 "그렇다."입니다. 오늘날 대부분 인간은 이원론자입니다. 즉 인간은 몸과 마음으로 이루어진 생명체라는 개념이지요. 종교인들은 여기에 영혼을 넣기도 합니다.

우리가 현재 인간의 두뇌에 대해 모두 알지는 못하지만, 의식은 뇌의 활동이라는 과학적 증거가 있습니다. 결국 의식이라는 건 두뇌에서 일어나는 전기 신호와 밀접하게 연결되어 있습니다. 깊은 잠을 자거나 마취하면 우리는 의식이 없어집니다. 의식이 곧 뇌의 활동이라는 개념은 앞으로 인류의 제3혁명이 될 것입니다. 제1혁명은 코페르니쿠스의 지동설, 제2혁명은 다윈의 진화론이지요. 하지만 마음이나 의식이 곧 뇌라는 개념은 현재 인간의 뇌로서는 받아들이기 쉽지 않습니다. 이원론은 오랜 세월, 인류에게 익숙한 사고 체계이고, 종교적으로 우리에게 희망을 주기 때문이지요.

죽음은 육신이 유에서 무가 되고 영원한 보상도 형벌도 없는 것이지요. 죽으면 모든 것이 끝

나도 이러한 최종성이 절망할 원인은 아닙니다. 순서대로 말하면 '나는 없었다, 나는 있다, 나는 없을 것이다, 나는 개의치 않는다.'입니다. 내가 생명으로 있는 동안 할 일을 할 뿐입니다. 이상 세 가지 질문에 대한 대답입니다.

* 방청객 박수

사회자: 네, 신방주 박사님의 말씀에 대해 최서준 학장님, 혹시 반론이 있으신가요?

최서준: 네, 솔직히 신 박사님 말씀에 동의하는 부분이 많습니다. 말씀하신 세 가지 질문은 인간의 자의식이 생기고 현대 문명을 이루면서 수없이 들어온 질문이지요. 그만큼 수많은 대답이 나왔지만 과학, 철학, 종교에 걸쳐 아직 뚜렷한 정답은 없다고 생각합니다. 어떤 분들은 다른 건 몰라도 왜 종교적으로 정답이 없느냐, 창조주만 인정하면 모든 게 해결되지 않느냐, 구약의 여호와가 바로 창조주라고 하실

수도 있습니다.

그러나 어느 기업가 버전으로 말하면 세상은 넓고 종교는 많습니다. 지금도 새로운 종교가 생기고 기존 종교는 진화하고 있습니다. 근본주의 기독교에서 기독교는 종교가 아니고 진리라고 하지요. 자기네 종교만 진리라는 것은 사랑과 상생을 추구하는 종교의 본질에 어울리지 않습니다. 기독교만 진리라는 주장 반대편에는 모든 것을 무신론으로 정립하면 간단하다는 근본주의 무신론이 있습니다.

저는 신학자로서 이런 무신론도 찬성하지 않습니다. 이 사람들은 종교의 틀을 유신론 근본주의 기독교에 한정하고, 강박증을 느낄 정도로 근본주의 무신론을 주장합니다. 그렇다고 신 박사님이 근본주의 무신론자라는 말씀은 아닙니다.

* 방청객 웃음

최서준: 현대인들은 무엇을 믿느냐가 아니라 어떻게 살 것인가를 더 중요하게 생각합니다. 어느 신학자는 2천 년 기독교의 역사를 세 단계로 설명했습니다. 기독교가 처음 등장한 1~3세기를 신앙의 시대라고 했습니다.

초기 기독교인들은 예수를 믿느냐가 중요한 것이 아니라, 예수의 가르침을 행하느냐가 중요했지요. 4세기에 로마 제국의 종교가 된 기독교는 예수의 신성, 원죄, 삼위일체 등의 교리를 정통과 이단을 구별하는 수단으로 활용했습니다. 이 두 번째 시대를 '믿음의 시대'라 했습니다. 지난 4세기부터 20세기까지 이 믿음의 시대가 공고히 진행되었다고 봅니다.

기독교는 서구 문명의 발전과 함께 올바른 가르침이라는 주도권을 유지하기에 급급했습니다. 무신론은 믿음의 시대에 기독교로부터 가장 큰 공격을 받았습니다. 예컨대, 교회는 당시 존경받는 물리학자 아인슈타인이 무신론자가 아니라는 사실을 그의 입을 통해 확인하

예수님의 폭소

고 싶었습니다. "당신은 하나님을 믿느냐?"는 질문에 아인슈타인은 다음과 같은 답장을 보냈습니다.

"나는 인간의 운명과 행위에 관여하는 신이 아니라, 존재의 질서 있는 조화 속에서 스스로를 드러내는 스피노자의 신을 믿습니다."

그의 답은 간결했고 확실했습니다.

아인슈타인의 대답이 마음에 들지 않자 당시 왕성했던 기독교 근본주의자들이 그를 비난하기 시작했습니다.

"인격신을 부정하는 당신을 보니 왜 히틀러가 유대인을 쫓아냈는지 알겠다."

"당신이 이 나라 국민의 신을 믿지 않는다면 당신의 나라로 돌아가라."

이러한 비난에도 불구하고 아인슈타인은 종교의 3단계라는 자신의 신념을 발표했지요. 1단계는 공포의 종교로 병, 죽음, 지옥에 대한 공포로 인하여 믿는 종교입니다. 2단계는 도덕적 종교로 인간과 유사한 하늘의 인격적 신을 믿는 종교입니다. 3단계는 우주적 종교로 모든 것을 포용하고 상생하는 종교입니다. 이어서 아인슈타인은 스피노자를 찬양하는 시를 짓습니다.

내가 이 고귀한 분을 얼마나 사랑하는지 말로 표현할 수 없습니다.
그는 홀로 자신의 거룩한 후광으로 외롭게 지낼 것입니다.
그는 자신의 삶을 통해 우리에게 보여 주었지요.
그가 인류에게 준 교훈은 위로하는 겉모습을 신뢰하지 말라는 것입니다.
그는 숭고하게 태어난 것이 분명합니다.

아인슈타인을 핍박하는 이런 일들은 20세기 중반, 기독교 믿음의 시대를 마지막으로 장식했습니다.
이제 기독교의 세 번째 단계인 새로운 깨달음의 시대가 열리고 있습니다. 깨달음은 정해진

예수님의 폭소

대답과 스스로 당연하게 여기던 믿음의 틀에서 해방되는 것입니다. 새로운 세계로 과감히 도전하는 것이고, 동시에 그 과정에 대한 정직한 의심입니다.

깨달음의 시대에는 유신론자냐 무신론자냐를 따지기보다, 삶의 의미로서 신에 대한 개념, 즉 신관의 발전과 성숙이 더 중요하다고 생각합니다. 성숙한 유신론자와 성숙한 무신론자가 있다면 신을 믿느냐 안 믿느냐를 묻기보다는, 삶의 의미로서 '신이 존재하는가, 하지 않는가.'를 먼저 성찰해야겠지요.

즉 성숙한 유신론자라면 신을 믿지 않는 무신론자 중에서도 얼마든지 하나님의 뜻을 실천하는 사람들이 있다는 것을 인정할 것입니다. 그리고 성숙한 무신론자라면 신을 믿는 유신론자 중에서도 얼마든지 무신론자를 이해하고, 인류 발전에 기여하는 사람들이 있다는 것을 인정할 것입니다.

다윈의 학설 일부에 반론을 제기한 유명 생

물학자 스티븐 제이 굴드는[3] NOMA(non overlapping magisteria)라는 개념을 만들었습니다. 과학과 종교의 관할 영역은 서로 겹치지 않는 부분이 있다는 생각입니다.

중세 시대에는 종교가 인간 삶의 모든 기준이었지만, 과학이 발달하면서 서로의 영역을 존중하는 시대가 되었다는 의미겠지요. 종교인 중에서도 다윈의 진화론을 인정하는 사람들이 점점 많아지고 있습니다. 유신론과 무신론도 그런 NOMA의 영역이 있을까요? 이 부분을 불가지론적 영역이라고 할 수도 있겠고, 동양 종교적 신관의 영향을 받아 일정 부분 진화한 기독교라고 할 수도 있겠지요.

기독교는 이제 깨달음의 종교로 나아가고 있고 이것이 기독교의 시대정신입니다. 이런 말을 하면 어떤 분들은 "영지주의 이단으로 돌아가자는 말이냐." 할지 모르지만, 사실 기독교가 시작된 구약의 근본에는 지혜가 곧 하나님이었습니다.

'알렉산드리아의 플라톤'이라는 1세기 유대교 랍비 '필로'의 책을 보면 알 수 있지요. 요한복음이 이러한 영향을 받은 문서라는 주장도 있습니다. 하지만 역사적으로 기독교 교리가 생기기 시작한 2세기 이후, 영지주의를 탄압하지 않으면 자신들의 지위가 위태로워질 것을 느낀 성직자들은 영지주의를 배척합니다. 또 당시의 영지주의는 다소 난삽하고 과격한 요소도 있었습니다.

하지만 지금 깨달음의 기독교는 차원이 다릅니다. 당시 영지주의는 주로 그리스 철학과 갈등을 빚었지만 이후 2천 년 동안 기독교는 과학의 발달을 마주했고 동양 종교와 직접적으로 만나기도 했기 때문입니다. '신앙의 종교'에서 '믿음의 종교'를 거치고 '깨달음의 종교'로 성장해 가는 기독교에 신학자로서 많은 기대가 됩니다. 이상입니다.

* 방청객 박수

사회자: 네, 이제 오늘의 마지막 소주제, '과학과 종교'입니다. 오늘 참석하신 토론자는 과학자 신방주 박사님과 신학자 최서준 학장님입니다. 신 박사님께서 먼저 말씀해 주시지요.

신방주: 네, 오늘 제가 과학자로서, 무신론자로서 이 자리에 나왔지만, 최서준 학장님의 말씀을 들으니 앞으로는 성숙한 무신론자가 되도록 노력해야겠습니다.

* 방청객 웃음

신방주: 기독교가 깨달음의 종교로 진화한다는 말씀에 불교 생각이 나는군요. 불교도 이제 깨달음만의 종교가 아니고, 믿음의 종교로 나아갈 수도 있겠지요. 종교 간 서로의 이해가 충만해지면, 결국 서로 포용하고 초월하는 단계로 발전하리라는 것이 무신론자인 제 생각입니다. 어쩌면 종교 간 포월(포용과 초월)이 미래 종교의 시작이 될 것 같습니다. 벌써 약간 성

숙한 무신론자가 된 것 같습니다.

＊방청객 웃음

신방주: 과학과 종교의 관계에 대해서 러셀의 스승 화이트헤드는[4] '종교의 원리는 영원하지만, 그 표현방식은 과학의 발전에 따라 수정되어야 하며, 그렇게 될 때 과학은 종교에 유익하다.' 라는 의미심장한 말을 했습니다.

이렇듯 종교의 표현방식이 바뀌면 무신론 생물학자와 성공회 주교의 대화나, 무신론 철학자와 개신교 목사의 재미있는 대담이 가능합니다. 동시에 저는 과학자로서 과학은 만능이 아니고 아직도 모르는 게 너무 많다는 사실을 겸허히 인정하며 토론을 시작해야 한다고 생각합니다. 과학의 힘이 인류 문명에 큰 도움이 되긴 했지만, 대규모 학살을 위한 무기나 세균 등을 개발한 잘못은 반성해야 합니다.

또한 저는 인류의 평화와 발전을 위해 과학과

종교의 대화도 중요하지만, 종교끼리의 대화가 매우 중요하다는 말씀을 드리고 싶습니다. 종교끼리 서로 대화하고 이해하여 통합적인 모습으로 발전한다면, 21세기 인류는 더욱 평화롭고 자유로운 세계에서 살 수 있을 것입니다

물론 종교 간에 토론하기는 어렵습니다. 자기가 믿던 생각과 조금만 달라도 사람들은 듣기 싫어하고 심지어 분노합니다. 이러한 분노는 같은 종교 안에서 더욱 극심하지요. 인도의 간디는 힌두교도가, 파키스탄의 부토는 무슬림이, 이스라엘의 베긴은 유대인이 살해했습니다. 종교의 참뜻을 몰라 생기는 안타까운 일이지요.

마지막으로 천문학자로서 짧은 단상을 하나 소개하고 끝내겠습니다.

우리는 하늘이 우주라는 것을 안 순간, 눈을 통해 우주를 바라보고, 마음을 통해 우주를 듣기 시작합니다. 우리는 우주가 우주 자신의 장엄함을 인지할 수 있게 해 주는 유일한 관찰자

예수님의 폭소

들입니다. 우주 존재의 근원을, 아니 아무것도 없는 허공의 근원을 생각하는 우주. 생각하는 갈대에서 생각하는 우주로…. 감사합니다.

* 방청객 박수

최서준: 신 박사님의 마지막 말씀이 감동적입니다. 파스칼의 생각하는 갈대에서 현대인이 생각하는 우주…. 우주의 존재 이유일지도 모르지요. 저는 마지막 주제인 과학과 종교에 대해서 할 말이 좀 많습니다. 사실 저의 박사학위 논문이기도 했습니다. 여러분, 우리는 과학과 종교 둘 중 하나를 선택해야 할까요? 아니면 두 관점은 상호 보완적일 수 있을까요?

결론을 먼저 말씀드리면 과학과 종교는 모두 필요하며, 서로에게 많은 것을 가르쳐 줄 수 있습니다. 과학과 종교는 적이 아니라 공통의 과업을 함께하는 친구입니다. 사실 과학과 종교는 현저한 대조를 이룹니다. 과학은 증명으로 존재하며 발전해 나갑니다. 현대 과학은 경이로운 성취를 이루었고 우리는 모두 과학의 덕을 봅니다.

그러나 종교는 '신'이라는 단어 하나에도 공통된 답은 없습니다. 하지만 세상을 이해하기 위한 탐구에는 과학과 종교의 통찰이 모두 필요합니다. 과학은 본질적으로 '어떻게'라는 질문을 던지고 답합니다. 즉, '과학은 어떤 방식으로 사물들이 생겨났는가?', '어떻게 그런 일이 일어났는가?'를 묻습니다. 종교는 본질적으로 '왜'라는 질문을 던지고 답합니다. 즉 '종교는 세상에서 일어나고 있는 일들에 의미와 목적이 있는가?'를 묻지요.

주전자의 물이 끓는 이유는 가스레인지에서 가스가 타고 있기 때문입니다. 물이 끓는 이유는 제가 차를 마시고 싶기 때문이기도 합니다. 이 두 가지 답 중 하나를 선택할 필요는 없습니다. 둘 다 맞습니다. 서로 다른 질문 '어떻게'와 '왜'에 대한 답은, 서로 신뢰할 만한 방식으

예수님의 폭소

로 연결되어 있어야 합니다. 그런다면 과학과
종교는 서로에게 배울 점이 있을 것입니다.

잠시 빛에 대해 이야기를 하겠습니다. 빛은 놀
랍게도 어떤 때는 파동으로 어떤 때는 입자처
럼 행동합니다. 상식적으로 같은 개체가 근본
적으로 다른 식으로 행동한다는 이야기는 믿
기 어렵습니다. 하지만 빛은 아인슈타인이 발
견한 입자성도, 맥스웰이 발견한 파동성도 있
는 놀라운 물질입니다.

이 현상을 연구하던 케임브리지의 물리학자
폴 디랙이 결국 양자 기술의 시대를 열게 됩니
다. 빛이 어떤 때는 입자 같고 어떤 때는 파장
같아지려면 치러야 할 대가가 있습니다. 어떤
물체가 어디서, 무슨 일이 일어나고 있는지에
대한 정보를 동시에 얻을 수 없는 것입니다.
가령 전자는 그 물체의 위치를 알면 물체가 무
엇을 하고 있는지 알 수 없고, 물체가 무슨 일
을 하는지를 알면 이번에는 그 물체의 위치를
알아낼 수 없습니다. 이것이 그 유명한 하이젠

베르크의 '불확정성 원리'의 핵심입니다.

이는 신학에서도 마찬가지로 적용할 수 있습니다. 기독교 신자로서 저는 예수 그리스도에 대해 그를 인간으로 볼 뿐 아니라, 하나님으로도 보고 싶습니다. 무한한 하나님과 유한한 인간이 하나인지를 이해하는 것이 아무리 어렵더라도, 양자의 세계를 묘사할 수 없는 것처럼, 저는 경험하는 실제를 인정할 수밖에 없습니다. 이는 과학적 사실과 종교적 사실 모두에 해당하는 이야기입니다.

과학과 종교는 모두 이 세상에 존재하는 실제 모습, 참으로 풍성하고 다채롭고 놀라운 모습을 이해하기 위해 노력합니다. 과거에는 정밀하게 설계된 인간의 눈 하나만 보더라도, 이것은 설계자가 있어야 한다고 생각했습니다.

하지만 19세기 중반 다윈의 진화론은 신이라는 설계자가 없이도, 겉보기에 설계처럼 보이는 현상을 사람들에게 설명했습니다. 긴 세월 자연선택을 통해 작은 변화들이 전이가 이루어짐으로써, 이러한 설계의 흔적이 자연스럽게 만들어질 수 있다는 논증이었지요. 종교계는 엄청난 타격을 받았고, 진화론을 부정할수록 상황은 나빠졌습니다. 왜냐하면 과학에서 발생하는 질문을 종교로 답하려는 오류를 범했기 때문입니다.

종교가 과학의 질문에 모두 답을 해야 한다는 생각은, 과학적으로 아직 알려지지 않은 현상은 무조건 창조주를 들고 나오면 된다는 주장과 같습니다. 이는 모든 빈틈을 신으로 메우려는 실수를 자행하는 것입니다. 우리는 '신의 직접적 행위만이 무생물로부터 생명을 만들어 낼 수 있다.'와 같은 무모한 주장을 해서는 안 됩니다.

아직까지 과학은 생명체가 어떻게 발현했는지 정확히 알지 못합니다. 하지만 과학이 그것을 결코 알아낼 수 없으리라고 확신할 이유도 없습니다. 동시에 우리는 과학이 들려주는 이야기에 모두 만족해서는 안 됩니다. 유신론

적 과학자들뿐만 아니라 무신론적 과학자들
도 우주의 합리적인 아름다움, 이토록 완벽한
물리법칙의 균형 같은 것을 보며, 어떤 지성이
배후에 존재한다고 느낍니다. 심지어 종교보
다 과학이 신에게로 가는 더욱 확실한 길을 알
려 주는 것도 같습니다.

빅뱅의 증거로 발견된 우주 복사에 대해 이 자
리에서 자세한 설명을 할 수는 없지만, 우주의
시작이 과학으로 밝혀졌다고 해서 신의 섭리
가 없어진 것은 아닙니다. 왜냐하면 신은 우주
의 시작은 물론 지금도 현존하고 있기 때문이
지요.

좀 더 친숙한 생물의 진화 이야기도 그렇습니
다. 유전자의 돌연변이는 우연입니다. 하나님
의 섭리가 아닙니다. 그렇게 새로운 형태의 생
명체가 발생하고, 그 생명은 질서 정연한 환경
에서 자연선택으로 도태되거나 보존되는 것
이 확인되었습니다. 하지만 이러한 우주와 생
물의 변화에 우리가 유신론적 결론을 내릴지,

무신론적 결정을 내릴지는 좀 더 넓게 생각해 봐야 합니다. 물론 여기서 유신론적 결론은 기독교 문자주의를 말하는 것은 아닙니다.

우주와 생명의 역사는 우연과 필연이 활발히 상호작용하고 있음을 잘 보여 줍니다. 우연은 예상보다 훨씬 더 긍정적 역할을 합니다. 생물학자 리처드 도킨스는 자신의 책《눈먼 시계공》에서 우연이라는 말을 굳이 '눈먼'이라고 하여 우주의 무목적성과 무의미성을 강조했지만, 저는 동의하지 않습니다. 우연과 필연이 얽히며 물리적 세계는 인간을 탄생시켰습니다.

또한, 종교를 초자연적 능력에 대한 순수한 믿음으로만 생각하면, 종교는 망상일 수도 있습니다. 하지만 사회적 관점에서 보면, 종교는 오랜 세월 동안 우리 조상들을 여러 집단으로 엮어 발전시켜 왔습니다. 자신의 한계를 넘어선 무엇에 관심을 가지고 나아가 다른 이들과 함께 단체를 이루는 것, 이것은 다른 동물에서는 찾아보기 힘든 인간이 가진 비범한 능력입니다. 소속감이 있을 때 인간은 사회적 동물이라는 특성을 발휘하여 집단의 발전에 더 열심히 이바지합니다.

물론 종교가 일으킨 폐해도 많이 있었으나, 인간의 역사에서 과보다 공이 많았다고 생각합니다. 이러한 종교의 사회적 기능은 종교 자체로서도 중요한 구성요소이며 탁월한 순기능입니다.

이제 마무리하겠습니다.

과학자들은 물질이 어떻게 작동하는지 알아내지만, 물질이 왜 그런 법칙으로 작동하는지는 모릅니다. 빅뱅 몇 초 후에 우주의 형태가 이렇게 결정된 이유도 모릅니다. 어쩌면 우주는 끝 있는 팽창과 끝 있는 수축을 반복할지도 모릅니다. 이러한 시간은 빛과 물질 사이에서 영원합니다. 신은 시간과 함께 있고 인간은 시간 안에 있습니다. 창조란 이미 완성된 것이 아니라 지금 여기에서 이루어지는 지속적인 과정입니다.

예수님의 폭소

나의 앎으로 내 생의 모든 부분을 챙길 수 없습니다. 나를 이 우주의 하나님에게 맡기고 유유히 세상을 거닐 수 있으면 좋겠습니다. 하나님, 저는 당신이라는 우주 의식의 품 안에서 출렁이는 하나의 물거품입니다. 제 인생의 물거품이 진리의 바다로 나아가게 해주십시오. 하나님은 오늘도 세상을 창조하고 있음을 믿습니다. 감사합니다.

사회자: 네, 오늘 신방주 박사님과 최서준 교수님의 끝장 토론 '하나님은 있는가?'

이것으로 마칩니다. 감사합니다.

끝장 토론: 하나님은 있는가? 끝.

참고 문헌

1

《21세기 평화와 종교를 말한다》- 하비 콕스. 이케다 다이사쿠, 조선뉴스프
    레스 2019.9

ㄱ

《과학이 종교를 만날 때》- 이언 바버/이철우, 김영사 2002.3
《경전 7첩반상》- 성소은, 판미동 2015.3
《그런 깨달음은 없다》- 크리슈나무르티/김훈, 김영사 2015.2
《기독교는 어떻게 역사의 승자가 되었나》- 바트 어만/허형은, 갈라파고스
    2019.12
《기독교 변하지 않으면 죽는다》- 존 쉘비 스퐁/김준우, 한국기독교연구소
    2017.10
《기독교의 역사》- 폴 존슨/김주한, 포이에마 2013.7
《기독교 초대교회 형성사》- 루돌프 불트만/허혁, 이화여자대학교 출판부
    1993.3

ㄴ

《나를 찾아가는 십우도 여행》- 오강남. 성소은, 판미동 2020.10
《냉동 인간》- 로버트 에틴거/문은실, 김영사 2011.4

ㄷ

《두렵고 황홀한 역사》- 바트 어만/허형은, 갈라파고스 2020.11

ㅁ

《마이스터 에크하르트》 - 블래크니/이민재, 다산글방 2013.4

《무신론자를 위한 종교》 - 알란 드 보통/박중서, 청미래 2011.9

《믿음의 역동성》 - 폴 틸리히/최규택, 그루터기하우스 2005.12

ㅂ

《바울과 야고보의 대척점》 - 김신동, 하움출판사 2021.12

《보살예수》 - 길희성, 동연 2022.4

ㅅ

《사람 삶 사랑》 - 김흥호, 이화여자대학교출판부 1987.4

《성서의 뿌리(구약)》 - 민희식 외, 블루리본 2008.11

《성서 이펙트》 - 카렌 암스트롱/배철현, 세종서적 2013.5

《세계종교의 역사》 - 리처드 할러웨이/이용주, 소소의책 2018.3

《세속적 휴머니즘이란 무엇인가》 - 폴 커츠/이지열, 미지북스 2012.12

《신 만들어진 위험》 - 리처드 도킨스/김명주, 김영사 2021.2

《신앙과 이성 사이에서》 - 길희성, 세창출판사 2015.10

《신약학 강의노트》 - 니제이 K 굽타/이영욱, 감은사 2020.7

《신을 위한 변론》 - 카렌 암스트롱/정준형, 웅진지식하우스 2016.2

《신의 전쟁》 - 카렌 암스트롱/정영목, 교양인 2021.7

《신의 위대한 질문》 - 배철현, 21세기북스 2015.12

《신 없음의 과학》 - 리처드 도킨스 외/김명주, 김영사 2019.11

《실라의 일기》 - 진 에드워즈/전의우, 생명의 말씀사 2018.8

ㅇ

《아름다운 합일의 길 요한복음》 - 존 쉘비 스퐁/변영권, 한국기독교연구소

2018.6

《아주 명쾌한 진화론 수업》- 장수철. 이재성, 휴머니스트 2018.4

《악령이 출몰하는 세상》- 칼 세이건/이상헌, 사이언스북스 2022.2

《우상의 황혼》- 니체/최순영, 부북스 2018.5

《우신예찬》- 에라스무스/김남우, 열린책들 2013.4

《예수를 만나다》- 백성호, 아르테 2018.5

《예수와 교회》- 크레이그 A. 에반스/김병모, 2016.8

《예수의 역사》- 존 도미닉 크로산/김기철, 한국기독교연구소 2012.1

《예수의 할아버지》- 최원영, 좋은땅 2020.8

《이단백서》- 조믿음, 바른미디어 2019.4

ㅈ

《종교의 미래》- 하비 콕스/김창락, 문예출판사 2010.8

《주문을 깨다》- 대니얼 대닛/김한영, 동녘사이언스 2010.5

《젤롯》- 레자 아슬란/민경식, 와이즈베리 2014.3

ㅊ

《천국의 발명》- 마이클 셔머/김성훈, 아르테 2019.3

《천의 얼굴을 가진 영웅》- 조지프 캠벨/이윤기, 민음사 2018.3

ㅋ

《켄 윌버의 통합불교》- 켄 윌버/김철수, 김영사 2022.3

《쿼크, 카오스, 그리스도교》- 존 폴킹혼/우종학, 비아 2021.7

ㅎ

《하나님의 거짓말》- 마셜 브레인/엄수종, 율리시즈 2018.12

《하루를 사는 사람》- 김흥호, 사색 2009.12

《한국 교회는 예수를 배반했다》- 류상태, 삼인 2008.10
《함께 읽는 성서》- 송주성, 우물이있는집 2015.9

미주

* 주석에 나오는 성경은 대부분 개역개정을 인용했습니다.

예수님의 폭소

1. (고전 13:12) 우리가 지금은 거울로 보는 것같이 희미하나 그때에는 얼굴과 얼굴을 대하여 볼 것이요 지금은 내가 부분적으로 아나 그때에는 주께서 나를 아신 것 같이 내가 온전히 알리라

2. (롬 16:13) 주 안에서 택하심을 입은 루포와 그의 어머니에게 문안하라 그의 어머니는 곧 내 어머니니라

3. '나실인 서약', '구분(구별)된 자'란 뜻. 일평생 혹은 특별한 헌신을 위해 한시적으로 세상과 단절하고 스스로를 구별하여 하나님께 자신을 봉헌한 자를 말한다. 나실인은 특별히 세 가지를 금해야 한다. ① 포도나무에서 나는 소산물은 어떤 것도 먹을 수 없었고 ② 시체를 가까이할 수 없었으며 ③ 서원 기간 동안 머리에 삭도를 대지 말아야 했다(민 6:1~21).

4. (갈 1:12, 20) 12) 내가 너희에게 알게 하노니 내가 전한 복음은 사람의 뜻을 따라 된 것이 아니니라, 이는 내가 사람에게서 받은 것도 아니요 배운 것도 아니요 오직 예수 그리스도의 계시로 말미암은 것이라 20) 보라 내가 너희에게 쓰는 것은 하나님 앞에서 거짓말이 아니로다

5. (고전 15:3~8) 3) 내가 받은 것을 먼저 너희에게 전하였노니 이는 성경대

로 그리스도께서 우리 죄를 위하여 죽으시고 4) 장사 지낸 바 되셨다가 성경대로 사흘 만에 다시 살아나사 5) 게바에게 보이시고 후에 열두 제자에게와 6) 그 후에 오백여 형제에게 일시에 보이셨나니 그 중에 지금까지 대다수는 살아 있고 어떤 사람은 잠들었으며 7) 그 후에 야고보에게 보이셨으며 그 후에 모든 사도에게와 8) 맨 나중에 만삭되지 못하여 난 자 같은 내게도 보이셨느니라

6. (요 20:26~27) 26) 여드레를 지나서 제자들이 다시 집 안에 있을 때에 도마도 함께 있고 문들이 닫혔는데 예수께서 오사 가운데 서서 이르시되 너희에게 평강이 있을지어다 하시고 27) 도마에게 이르시되 네 손가락을 이리 내밀어 내 손을 보고 네 손을 내밀어 내 옆구리에 넣어 보라 그리하여 믿음 없는 자가 되지 말고 믿는 자가 되라

7. 각각 왕상 17:17-24; 왕하 4:17-27; 막 5:22-43; 눅 7:11-17; 요 11:17-44; 행 9:36-43.

8. (요 20:14~15) 14) 이 말을 하고 뒤로 돌이켜 예수께서 서 계신 것을 보았으나 예수이신 줄은 알지 못하더라 15) 예수께서 이르시되 여자여 어찌하여 울며 누구를 찾느냐 하시니 마리아는 그가 동산지기인 줄 알고 이르되 주여 당신이 옮겼거든 어디 두었는지 내게 이르소서 그리하면 내가 가져가리이다

9. (눅 24:15~16) 15) 그들이 서로 이야기하며 문의할 때에 예수께서 가까이 이르러 그들과 동행하시나 16) 그들의 눈이 가리어져서 그인 줄 알아보지 못하거늘

10. (눅 24:36~43) 36) 이 말을 할 때에 예수께서 친히 그들 가운데 서서 이르시되 너희에게 평강이 있을지어다 하시니 37) 그들이 놀라고 무서워하여 그 보는 것을 영으로 생각하는지라 38) 예수께서 이르시되 어찌하여 두려워하며 어찌하여 마음에 의심이 일어나느냐 39) 내 손과 발을 보고 나인 줄 알라 또 나를 만져 보라 영은 살과 뼈가 없으되 너희 보는 바와 같이 나는 있느니라 40) 이 말씀을 하시고 손과 발을 보이시나 41) 그들이 너무 기쁘므로 아직도 믿지 못하고 놀랍게 여길 때에 이르시되 여기 무슨 먹을 것이 있느냐 하시니 42) 이에 구운 생선 한 토막을 드리니 43) 받으사 그 앞에서 잡수시더라

11. (마 16:16) 베드로가 대답하여 이르되 주는 그리스도시요 살아 계신 하나님의 아들이시니이다
(막 8:29~30) 또 물으시되 너희는 나를 누구라 하느냐 베드로가 대답하여 이르되 주는 그리스도시니이다 하매 이에 자기의 일을 아무에게도 말하지 말라 경고하시고
(눅 9:18~21) 18) 예수께서 따로 기도하실 때에 제자들이 주와 함께 있더니 물어 이르시되 무리가 나를 누구라고 하느냐 19) 대답하여 이르되 세례 요한이라 하고 더러는 엘리야라, 더러는 옛 선지자 중의 한 사람이 살아났다 하나이다 20) 예수께서 이르시되 너희는 나를 누구라 하느냐 베드로가 대답하여 이르되 하나님의 그리스도시니이다 하니 21) 경고하사 이 말을 아무에게도 이르지 말라 명하시고

12. 새찬송가 211장(통 346)
값비싼 향유를 주께 드린 막달라 마리아 본받아서
향기론 산 제물 주님께 바치리 사랑의 주 내 주님께

예수님의 폭소

13. 현재 우리가 가지고 있는 육체는 흙으로부터 온 것이나 부활 때는 하늘에 속한 자의 형상을 입게 될 것이다(고전 15:49).

지금 우리의 몸은 썩고 욕된 약한 몸이지만 부활 때에 갖게 될 몸은 썩지 않고 영광스러우며 강한 몸이 될 것이니 곧 신령한 몸이다(고전 15:42-44).

* 하지만 바울의 글도 결국 육신의 부활에 가깝다고 생각하는 신학자들도 있다. 사실 바울은 육(그리스어로 사르크스)과 육신(그리스어로 소마)을 구별했는데 죄로 가득한 육은 부활할 수 없고, 육신은 변모하면 부활할 수 있다고 생각했다는 것이다.

14. (벧후 3:8-10) 8) 사랑하는 자들아, 주께는 하루가 천년 같고 천년이 하루 같은 이 한 가지를 잊지 말라 9) 주의 약속은 어떤 이의 더디다고 생각하는 것 같이 더딘 것이 아니라 오직 너희를 대하여 오래 참으사 아무도 멸망치 않고 다 회개하기에 이르기를 원하시느니라 10) 그러나 주의 날이 도적같이 오리니 그날에는 하늘이 큰 소리로 떠나가고 체질이 뜨거운 불에 풀어지고 땅과 그중에 있는 모든 일이 드러나리로다

15. (요 14:9) 예수께서 이르시되 빌립아 내가 이렇게 오래 너희와 함께 있으되 네가 나를 알지 못하느냐 나를 본 자는 아버지를 보았거늘 어찌하여 아버지를 보이라 하느냐

강남 소생 보존원 허 원장

1. 나노 과학: 나노는 난쟁이를 뜻하는 그리스어 나노스(nanos)에서 유래하
   였다. 1나노초(ns)는 10억 분의 1초를 뜻한다. 1나노미터(nm)는 10억 분
   의 1m로서 사람 머리카락 굵기의 10만 분의 1, 대략 원자 3~4개의 크기
   에 해당한다. 나노기술은 100만 분의 1을 뜻하는 마이크로를 넘어서는
   미세한 기술로서 1981년 스위스 IBM연구소에서 원자와 원자의 결합상
   태를 볼 수 있는 주사형 터널링 현미경(STM)을 개발하면서 본격적으로
   등장하였다. 미국·일본 등의 선진국에서는 1990년대부터 국가적 연구과
   제로 삼아 연구해 오고 있다.

2. (딤전 2:11~14) 11) 여자는 일체 순종함으로 조용히 배우라 12) 여자가
   가르치는 것과 남자를 주관하는 것을 허락하지 아니하노니 오직 조용할
   지니라 13) 이는 아담이 먼저 지음을 받고 하와가 그 후며 14) 아담이 속
   은 것이 아니고 여자가 속아 죄에 빠졌음이라

골리앗은 누가 죽였나?

1. 오리게네스(Origenes, 185-254)는 그리스도교의 교부(敎父)이자, 성경
   주석가, 신학자이다. 성경의 알레고리적 해석을 처음 시도하였고, 신비
   신학(Mystic theology)의 개념 역시 처음 도입하였다.

2. 니케아 공의회: 325년 6월 19일, 콘스탄티누스 황제는 니케아 공의회를
   개최했다. 콘스탄티누스는 얼마 전 동로마 제국의 라이벌 리키니우스를
   무찌른 후 로마의 유일무이한 황제가 되었다. 자신의 권위를 공고히 하
   고 싶었던 콘스탄티누스는 니케아(현재 터키의 이즈니크)에 있는 자신의
   궁전에 기독교의 모든 주교들을 불러들였다. 초대받은 1,800명 중 318

명의 주교가 참석했다. 가장 중요한 안건은 '아리우스 논쟁'이었다.

이집트 알렉산드리아의 주교인 아리우스가 그리스도는 하나님과 동등한 것이 아니라 신의 피조물 중 가장 높은 존재일 뿐이라고 주장한 데서 비롯되었다.

3. 삼상 17:50; 삼하 21:19; 대상 20:5

4. 아람어: 성경 히브리어와 가장 밀접한 셈족 계통의 언어. 아람어는 원래 유목민의 언어였으나 이 유목민이 시리아 지역을 점령하고 왕국을 건설하면서 고대 중근동의 국제 통용어가 되었다.

5. 미드라쉬: 고대 성경 주석에 붙여진 명칭. '찾다, 조사하다'는 뜻의 히브리어 '드라쉬'에서 유래한 말로, 성경 해석방법 및 그 내용을 담고 있다. 미드라쉬의 목적은 성경 본문의 의미를 밝혀 거기에 내포된 의미를 간파하고 그로부터 새로운 율법과 원리를 이끌어 내어, 종교적 윤리적 교리를 세우는 것에 있다.

6. 여성 수피: 역사상 최초의 여성 수피 시인. 라비아 알아다위야(?~796년 사망).

심판대에 선 신 장로

1. (막 9:42~49) 42) 또 누구든지 나를 믿는 이 작은 자들 중 하나라도 실족하게 하면 차라리 연자맷돌이 그 목에 매여 바다에 던져지는 것이 나으리

라 43) 만일 네 손이 너를 범죄하게 하거든 찍어버리라 장애인으로 영생에 들어가는 것이 두 손을 가지고 지옥 곧 꺼지지 않는 불에 들어가는 것보다 나으니라 44) (없음) 45) 만일 네 발이 너를 범죄하게 하거든 찍어버리라 다리 저는 자로 영생에 들어가는 것이 두 발을 가지고 지옥에 던져지는 것보다 나으니라 46) (없음) 47) 만일 네 눈이 너를 범죄하게 하거든 빼버리라 한 눈으로 하나님의 나라에 들어가는 것이 두 눈을 가지고 지옥에 던져지는 것보다 나으니라 48) 거기에서는 구더기도 죽지 않고 불도 꺼지지 아니하느니라 49) 사람마다 불로써 소금 치듯 함을 받으리라

2. (마 12:40) 요나가 밤낮 사흘 동안 큰 물고기 뱃속에 있었던 것 같이 인자도 밤낮 사흘 동안 땅 속에 있으리라

3. (계 20:13~15) 13) 바다가 그 가운데에서 죽은 자들을 내주고 또 사망과 음부도 그 가운데에서 죽은 자들을 내주매 각 사람이 자기의 행위대로 심판을 받고 14) 사망과 음부도 불못에 던져지니 이것은 둘째 사망 곧 불못이라 15) 누구든지 생명책에 기록되지 못한 자는 불못에 던져지더라

4. 도마복음 13장에서 예수는 "만일 천국이 하늘에 있다면, 하늘로 날아올라갈 수 있는 새들이 이미 천국을 차지하고 있다"라고 말한다. 또는 '천국이 바다에 있다면, 물고기들이 이미 바다 안에서 헤엄치고 있기 때문에 물고기가 앞설 것이다.'라고 했다.
   * 그리스어 원문에서는 '바다' 대신에 '땅 밑에'라고 쓰여 있다. 아마도 문맥상 '물고기'가 그 다음 문장에 나오기 때문에, 도마복음서 저자는 '땅 밑'을 '바다'로 수정했을 것이다. (도마복음은 그리스 원문을 이집트 콥트어로 번역하여 쓴 것이 먼저 발견되었고 이후 그리스 원문이 발견되었음.)

예수님의 폭소

5. Q 복음: 예수님의 어록이라고 생각되는 구절들로 이루어진 가상의 기독교 문서를 말한다. Q라는 명칭은 출처 또는 원천을 말하는 독일어의 Quelle에서 유래했다. 주로 예수의 설교를 담은 어록 복음서일 것으로 본다. 공관복음서 문제에 가장 널리 알려진 해법은 Q자료가 있었다고 보는 것이다.

6. 힐렐(Hilel, BC 60~AD 20 추정): 바빌론 출생으로 예루살렘으로 와서 노동과 고학을 했으나 뛰어난 학문과 인격으로 나중에 바리새파의 지도자가 되었다. AD 70년의 유대 전쟁 이후에는 힐렐파가 유대교 전체에 대한 지도적 입장이 되었다.

7. (시 104:29) 주께서 낯을 숨기신즉 그들이 떨고 주께서 그들의 호흡을 거두신즉 그들은 죽어 먼지로 돌아가나이다

8. (단 11:45, 12:1) 11:45) 그가 장막 궁전을 바다와 영화롭고 거룩한 산 사이에 세울 것이나 그의 종말이 이르리니 도와 줄 자가 없으리라 12:1) 그 때에 네 민족을 호위하는 큰 군주 미가엘이 일어날 것이요 또 환난이 있으리니 이는 개국 이래로 그 때까지 없던 환난일 것이며 그 때에 네 백성 중 책에 기록된 모든 자가 구원을 받을 것이라

9. (벧후 3:8~10) 8) 사랑하는 자들아 주께는 하루가 천 년 같고 천 년이 하루 같다는 이 한 가지를 잊지 말라 9) 주의 약속은 어떤 이들이 더디다고 생각하는 것 같이 더딘 것이 아니라 오직 주께서는 너희를 대하여 오래 참으사 아무도 멸망하지 아니하고 다 회개하기에 이르기를 원하시느니라 10) 그러나 주의 날이 도둑 같이 오리니 그 날에는 하늘이 큰 소리로 떠나가고 물질이 뜨거운 불에 풀어지고 땅과 그 중에 있는 모든 일이 드러나리로다

10. 각주 1과 동일.

끝장 토론: 하나님은 있는가

1. 큐티(Quiet Time)는 '조용한 기독교식 묵상'을 지칭하는 개신교 용어로
   19세기 후반에 영미권에서 시작되었고, 1945년 이후 미국 복음주의 계
   열 운동에서 유행하였다.

2. 소태산 박중빈(1891~1943): 원불교의 창시자이자 대종사. 호는 소태산
   이다. 깨달음을 얻은 후 그는 "만유가 한 체성이며 만법이 한 근원이로다.
   이 가운데 생멸 없는 도와 인과보응되는 이치가 서로 바탕하여 한 두렷한
   기틀을 지었도다."라고 하였다. 이후 그는 이웃에게 부탁하여 불교와 동
   학, 유교, 도교, 기독교의 경전들을 구해서 열람하였는데 그 후 "내가 깨
   달은 바는 옛 성인들이 먼저 깨달았구나."라고 하면서 그중에서도 석가모
   니의 가르침이 제일이며 석가모니는 성인들 중의 성인이라 하였다. 그리
   고 "내가 스승의 지도 없이 도를 얻었으나, 발심한 동기로부터 도 얻은 경
   로를 돌아본다면 모든 일이 은연 중 과거 부처님의 행적과 말씀에 부합되
   는 바 많으므로, 나의 연원을 부처님에게 정하노라."라고 하며 불법을 주
   체로 삼아 완전 무결한 큰 회상을 이 세상에 건설하겠다고 하였다.

3. 스티븐 제이 굴드(Stephen Jay Gould): 여러 면에서 리처드 도킨스와 대
   척점에 서 있던 미국의 생물학자. 두 사람은 생전에 숱한 논쟁을 가졌다.
   물론 어디까지나 같은 진화론적 입장에서, 학문적 성취가 뛰어난 동시에
   대중적 저술 활동으로도 유명하다는 점에서 도킨스와 비슷하다. 그의 대
   표적인 업적으로는 '단속평형론'이 있다. 1972년에 발표된 이 이론은 생
   물의 진화가 불연속적으로 이루어진다는 주장으로, 기존의 점진적 진화

예수님의 폭소

와 대치되는 내용이었다. 도킨스는 굴드의 단속평형론을 비판하면서 '굴드의 고의는 아니지만, 결과적으로는 창조설 지지자들이 날뛰게 만드는 핑곗거리를 제공하였다.'라고 비판하였다.

4. 화이트헤드(1861~1947): 1880년, 케임브리지 대학교의 명문인 트리니티 칼리지에 입학한다. 전공은 수학이었으며 종교, 철학, 정치, 예술, 문학 등 방대한 분야에 관심을 가진다. 이후 특별 연구원으로 선발되며 1885년에는 트리니티 칼리지의 수학 강사가 된다.

1903년, 화이트헤드는 "보편 대수론"의 업적을 인정받아 왕립 협회의 회원으로 선출된다. 같은 해에 자신의 제자이자 조교였던 버트런드 러셀의 제안으로 수학 체계에 대한 연구를 함께 진행하였고 7년이 지난 1910년, 《수학 원리》를 출간하는데, 집필 당시 수학적 형식에 대한 부분은 화이트헤드가 주로 담당했으며, 철학적 기초에 대한 부분은 러셀이 주로 담당했다.

1924년, 하버드 대학교의 초청을 받아 철학과 정교수로 부임한다. 이 시기 화이트헤드는 논리학과 과학 철학을 넘어 형이상학으로의 확장을 도모하며 《과학과 근대 세계》, 《형성 과정에 있는 종교》, 《상징 작용: 그 의미와 효과》 등 기념비적 삼부작을 출간한다.

예수님의 폭소

ⓒ 최원영, 2022

초판 1쇄 발행 2022년 12월 5일

지은이   최원영
펴낸이   이기봉
편집   좋은땅 편집팀
펴낸곳   도서출판 좋은땅
주소   서울특별시 마포구 양화로12길 26 지월드빌딩 (서교동 395-7)
전화   02)374-8616~7
팩스   02)374-8614
이메일   gworldbook@naver.com
홈페이지   www.g-world.co.kr

ISBN   979-11-388-1460-7 (03230)